Jaya Kumari Damarla

Introdução à XML e suas aplicações

Jaya Kumari Damarla

Introdução à XML e suas aplicações

ScienciaScripts

Imprint

Cover image: www.ingimage.com

This book is a translation from the original published under ISBN 978-3-659-86708-8.

Publisher:
Sciencia Scripts
is a trademark of
Dodo Books Indian Ocean Ltd. and OmniScriptum S.R.L publishing group

120 High Road, East Finchley, London, N2 9ED, United Kingdom
Str. Armeneasca 28/1, office 1, Chisinau MD-2012, Republic of Moldova, Europe
Managing Directors: Ieva Konstantinova, Victoria Ursu
info@omniscriptum.com

Printed at: see last page
ISBN: 978-620-8-57153-5

Conteúdo

Capítulo 1 Introdução à XML (Extensible Markup Language) 2
Capítulo 2 Definição do tipo de documento 13
Capítulo 3 Esquema XML 28
Capítulo 4 Espaços de nomes XML 37
Capítulo 5 XML DOM (Modelo de Objeto de Documento) 43
Capítulo 6 XSL (Linguagem de folha de estilo XML) 57

Capítulo 1 Introdução à XML (Extensible Markup Language)

Objetivo

O objetivo deste capítulo é apresentar a XML. O que é a XML. Compreender como criar novas etiquetas de marcação. A norma XML foi criada pelo W3C para fornecer uma forma fácil de utilizar e normalizada de armazenar dados auto-descritíveis (dados auto-descritíveis são dados que descrevem tanto o seu conteúdo como a sua estrutura).

A XML não é nada por si só. A principal vantagem da XML é a possibilidade de a utilizar para obter dados de um programa como o MSSQL (Microsoft SQL), convertê-los em XML e depois partilhar esse XML com uma série de outros programas e plataformas. Cada uma destas plataformas receptoras pode então converter o XML numa estrutura que a plataforma utiliza normalmente, e acabou de comunicar entre duas plataformas que são potencialmente muito diferentes. No final deste capítulo, os alunos ficam a saber como podem declarar as suas próprias etiquetas utilizando xml e algumas das aplicações de XML.

1.0 Introdução

XML é a Extensible Markup Language (Linguagem de Marcação Extensível*)*. Tal como a sua antecessora SGML, a XML é uma meta-linguagem utilizada para definir outras linguagens. No entanto, a XML é muito mais simples e direta do que a SGML. A XML é uma linguagem de marcação que não especifica nem o conjunto de etiquetas nem a gramática dessa linguagem. O *conjunto de* etiquetas de uma linguagem de marcação define as etiquetas de marcação que têm significado para um analisador de linguagem. Por exemplo, o HTML tem um conjunto rigoroso de etiquetas que são permitidas. Você pode usar a tag <TABLE>, mas não a tag <CHAIR>. Enquanto a primeira etiqueta tem um significado específico para uma aplicação que utiliza os dados e é utilizada para indicar o início de uma tabela em HTML, a segunda etiqueta não tem um significado específico e, embora a maioria dos browsers a ignore, podem acontecer coisas inesperadas quando aparece. Isto deve-se ao facto de, quando o HTML foi definido, o conjunto de etiquetas da linguagem ter sido definido com ele. Com cada nova versão do HTML, são definidas novas etiquetas. No entanto, se uma etiqueta não estiver definida, não pode ser utilizada como parte da linguagem de marcação sem gerar um erro quando o documento é analisado. A *gramática* de uma linguagem de marcação define a utilização correta das etiquetas da linguagem. Mais uma vez, vamos usar o HTML como exemplo. Ao usar a tag <TABLE>, vários atributos podem ser incluídos, como a largura, a cor de fundo e o alinhamento. No entanto, não é possível definir o TIPO da tabela porque a gramática do HTML não o permite.

A XML não é uma extensão da HTML (Hyper Text Mark up language). A XML é utilizada para descrever os dados ou conteúdos e para os armazenar. A diferença entre

XML e HTML são HTML é uma linguagem de marcação, enquanto XML é uma linguagem de marcação que é utilizada para criar novas linguagens de marcação. A XML não tem etiquetas predefinidas, pelo que é necessário definir os seus próprios elementos (etiquetas) na criação de documentos XML.

A XML é principalmente utilizada para **armazenar, transportar e trocar** dados. Mas a XML não se destina a apresentar dados.

- **Armazenar dados**: (Como armazenar manualmente os dados num ficheiro XML): Os ficheiros de texto simples podem ser utilizados para armazenar os dados. O XML também pode ser utilizado para armazenar dados em ficheiros (. txt, .html) e bases de dados. Mas algumas aplicações (analisadores XML, XML beans) são escritas para armazenar e recuperar dados da base de dados.

- **Para apresentar dados XML**: Através da utilização de folhas de estilo XSL (folha de estilo XML).

Nota: Folha XSL = documento XML + comandos CSS. Uma aplicação genérica (comandos CSS) é escrita para apresentar dados XML (o que está armazenado como parte do XML).

- **Transportar dados:** Envio de dados XML de um local para outro.

Nota: A XML é uma ferramenta independente de plataforma, software e hardware para a transmissão de dados. Assim, um programador pode facilmente transportar dados.

- **Troca de dados:** com a XML, os dados podem ser trocados entre sistemas compatíveis. Quando se armazenam dados em computadores e bases de dados, esses dados estão a ser armazenados em formato incompatível.

A conversão de dados para XML pode reduzir significativamente a complexidade do tempo e criar dados que podem ser lidos por diferentes tipos de aplicações. A XML é utilizada para armazenar grandes quantidades de dados.

As linguagens XML e HTML são derivadas da SGML (linguagem de marcação generalizada normalizada).

1.1 Aplicações da XML

Algumas das aplicações da XML são

- **CML** (linguagem de marcação química)**:** É utilizada para descrever a estrutura molecular.
- **Mathml:** Destina-se a representar fórmulas matemáticas.
- **XHTML:** Trata-se de uma reformulação de html utilizando XML.
- **B2B** (Business to Business)**:** A XML está agora a ser utilizada nesta área. Isto permite que dois produtos completamente diferentes troquem dados utilizando XML.
- **Telemóveis:** Os dados XML são enviados para alguns telemóveis. Os dados são então formatados pela especificação do designer do software do telemóvel para apresentar texto ou imagens, e até para reproduzir sons!
- **Conversores de ficheiros:** Foram escritas muitas aplicações para converter documentos existentes para a norma XML. Um exemplo é um conversor de PDF para XML.
- **VoiceXML:** Converte documentos XML num formato áudio para que possa *ouvir* um documento XML.

1.1.1 Tecnologias relacionadas com a XML

- **SGML** (Standard Generalized Markup Language): É a base de todas as linguagens de marcação.
- **XSL** (Extensible style sheet languages): É uma combinação de xml e folhas de estilo, ou seja, XSL=XML+Stylesheets.
- **XSLT** (transformações XSL): Fornece regras para transformações de um XML para outro
- **SOAP** (protocolo simples de acesso a objectos): É um protocolo de comunicação da Internet para documentos XML e fornece notificações para eventos.
- **SAX** (API simples para XML): Interface de pacote de aplicação predefinida SAX.
- **DOM:** Modelo de Objeto de Documento.

1.2 Árvore XML

Os documentos XML formam uma estrutura em árvore que começa na "raiz" e se ramifica até às "folhas".

Um exemplo de documento XML:

Os documentos XML utilizam uma sintaxe simples e auto-descritiva:

```
<?xml version="1.0" encoding="ISO-8859-1"?>

<estudante>

<sno>1</sno>

<sname>Jani</sname>

<saddress>Hyderabad</saddress>

</estudante>
```

Nota: O documento acima pode ser guardado com a extensão **.xml (ou seja, student.xml)**

> A primeira linha é a instrução de processamento. Define a versão XML (1.0) e a codificação utilizada (ISO-8859-1 = conjunto de caracteres latino-1/oeste europeu).

Um PI num documento XML é uma *instrução de processamento.* Uma instrução de processamento diz a uma aplicação para efetuar uma tarefa específica. Um PI distingue-se de outros dados XML porque representa um comando para o analisador XML ou para um programa que utilizaria o documento XML. Por exemplo, no nosso documento XML de amostra em **student.xml**, a primeira linha, que indica a versão do XML, é uma instrução de processamento. Indica ao analisador qual a versão de XML que está a ser utilizada. As instruções de processamento têm a forma <? instruções de destino?>. Qualquer PI que tenha o XML de destino faz parte do conjunto de PIs da norma XML que os analisadores devem reconhecer, frequentemente designado por *instruções XML.*

> A linha seguinte descreve o **elemento de raiz** do documento, ou seja, <student>

> As 3 linhas seguintes descrevem 3 **elementos filhos** do elemento raiz; são eles sno, sname e saddress:

```
<sno>1</sno>
```

<sname>Jani</sname>

<saddress>Hyderabad</saddress>

E, finalmente, a última linha define o fim do elemento raiz: </student>

1.2.1 Os documentos XML formam uma estrutura em árvore

Os documentos XML devem conter um **elemento de raiz**. Este elemento é "o pai" de todos os outros elementos. Os elementos de um documento XML formam uma árvore de documentos. A árvore começa na raiz e ramifica-se até ao nível mais baixo da árvore.

Todos os elementos podem ter subelementos (elementos filhos):

<raiz>

<filho>

<subfilho> .... </subfilho>

</filho>

</root>

Os termos pai, filho e irmão são utilizados para descrever as relações entre elementos. Os elementos pais têm filhos. Os filhos do mesmo nível são chamados irmãos (brothers or sisters). Todos os elementos podem ter conteúdo de texto e atributos (tal como no HTML). Ver Fig. 1.1

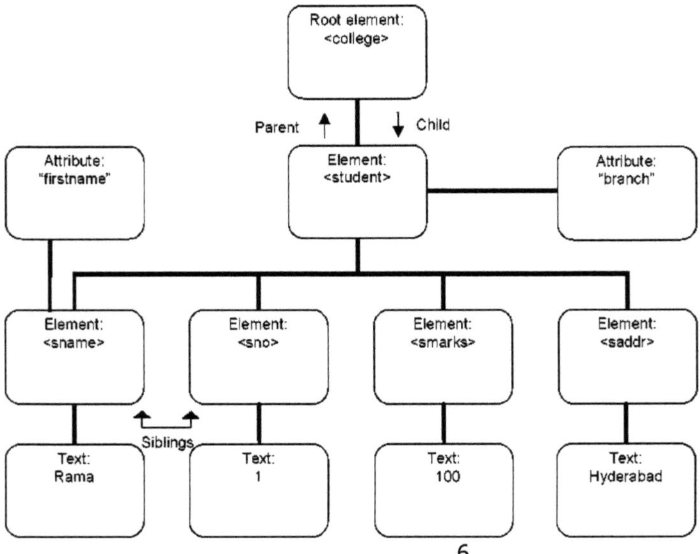

Exemplo:

Figura 1.1 Árvore DOM

A imagem acima representa um estudante universitário, que é dada a seguir,

Guardar: college.xml

```
<faculdade>

<aluno ramo="cse">

<sname firstname="h">Rama</sname>

<sno>1</sno>

<marcas>100</marcas>

<saddr>Hyderabad</saddr>

</estudante>

<ramo do aluno="ECE">

<sname firstname="r">sita</sname>

<sno>1</sno>

<marcas>80</marcas>

<saddr>Delhi</saddr>

</estudante>

<aluno ramo="EEE">

<sname firstname="p">Rani</sname>

<sno>1</sno>

<marcas>80</marcas>

<saddr>Puna</saddr>

</estudante>

</college>
```

O elemento raiz no exemplo é <college>. Todos os elementos <student> no documento estão contidos em <college>.

O elemento <student> tem 4 filhos: <sname>, < sno>, <smarks>, <saddr>.

1.3 Regras de sintaxe XML

As regras de sintaxe da XML são muito simples e lógicas. As regras são fáceis de aprender e fáceis de utilizar.

1. A XML é constituída por etiquetas definidas pelo utilizador.

Ex: <endereço>Hyderabad </endereço>

< estado >AP</estado>

< cidade >HYD</cidade>

2. Podemos descrever o XML com as etiquetas.

3. No ficheiro XML, "cada etiqueta" deve ter uma "etiqueta final".

Ex: <estudante> </estudante>

Para criar as etiquetas vazias, utilizamos uma etiqueta única ou uma declaração de linha única.

< estudante /> (ou seja, < estudante /estudante)> < >

4. A XML é sensível a maiúsculas e minúsculas

Ex. 1: O ficheiro XML abaixo é inválido, porque no elemento inicial (ou seja, <student>) 's' é pequeno e na etiqueta final 'S' é maiúsculo.

< estudante /Student > < >

Ex. 2: O seguinte é o XML válido

< estudante /student > < >

5. Não é possível criar um ficheiro XML sem um elemento de raiz.

Ex: No ficheiro student.xml abaixo, <student> é o elemento raiz.

<estudante>

<sno>1</sno>

<sname>a</sname>

<saddr>Hyderabad</saddr>

</estudante>

6. Em XML, é necessário utilizar apenas o aninhamento correto.

Ex: O ficheiro XML válido é o seguinte

<estudante>

<sno>1</sno>

</estudante>

Ex: O ficheiro XML abaixo é inválido, devido a um aninhamento incorreto. <estudante>

<sno>1

</estudante>

</sno>

7. Em XML, utilizamos os comentários da seguinte forma

<! -Comentário - ->

8. Quando estamos a declarar os atributos, cada valor de atributo deve ser colocado entre aspas simples (ou) duplas.

Ex: <estudante sno="1"> </estudante>

(ou)

<estudante sno='1'></estudante>

9. Elemento: Um elemento é composto por

a) Conteúdo simples

b) Conteúdo misto

c) Conteúdo complexo

a) Conteúdo simples: O conteúdo simples é constituído por algum texto entre as etiquetas.

Ex: <endereço>este é o endereço</endereço>

b) Conteúdo misto: O conteúdo misto consiste em conteúdo simples e atributos.

Ex: <address attr="some_value"> este é o endereço </address> c) Conteúdo complexo: O conteúdo complexo é composto por outra tag

Ex:

<estudante>

<sno attr="some_value>

Conteúdo - - </sno> </student>

Ex:

<estudante>

<sno>1</sno>

<sname>aaa</sname>

<marcas>23</marcas>

<endereço>bb</endereço>

</estudante>

1.3.1 Regras para a criação dos nomes dos elementos

1. Os nomes com um sublinhado são agradáveis: <primeiro_nome >, <último_nome >
2. Os nomes devem ser curtos e simples, como <book _title > e não como < the_title_of_the_book >.
3. Evite os caracteres "_". Se nomear algo como "nome_primeiro", alguns softwares podem pensar que quer subtrair o nome do primeiro.
4. Evite os caracteres " : ". Os dois pontos estão reservados para serem utilizados numa coisa chamada espaços de nome.
5. Evitar os caracteres ".". Se nomear algo como "first. name", alguns softwares podem pensar que "name" é uma propriedade do objeto "first".

1.4 Elementos vs Atributos

Elementos

> As etiquetas XML são rodeadas pelos **dois caracteres < e >**

> Os caracteres circundantes são designados por **parêntesis angulares**.

> As etiquetas XML normalmente **vêm em pares** como <student> e </student>.

> A primeira etiqueta de um par é a **etiqueta de início;** a segunda etiqueta é a etiqueta **de fim**.

> O texto entre as etiquetas de início e fim é o **conteúdo do elemento**

Atributos

> Os atributos fornecem informações adicionais a um elemento XML.

> Os atributos vêm sempre em pares nome/valor como este: name="value".

> Os atributos são sempre especificados na etiqueta de início de um elemento XML

Exemplo 1 : No exemplo seguinte, "sexo" é um atributo.

<sexo do aluno = " feminino " >

<primeiro nome > hai < / primeiro nome >

< apelido > olá < / apelido >

< / estudante >

Exemplo 2: No exemplo abaixo, "sexo" é um elemento.

<estudante>

< sexo> feminino< / sexo >

< nome próprio hai> < / nome próprio >

< apelido> olá< / apelido >

< / estudante >

Evitar a utilização de atributos XML

1. Os atributos não podem conter valores múltiplos (os elementos podem)
2. Os atributos não podem conter uma estrutura em árvore (os elementos podem)
3. Os atributos não são facilmente expansíveis (para alterações futuras).

Nota importante

Quando queremos fazer os programas XML, não é necessário um software separado, apenas o bloco de notas é suficiente. Escreva o programa XML no bloco de notas e guarde-o com a extensão .xml (por exemplo: student.xml). Para o executar, utilize qualquer tipo de programa de navegação, como o Internet Explorer, o Mozilla, o Opera, etc., e especifique o nome completo do caminho do seu ficheiro xml, que é guardado na barra de endereços do programa de navegação. O resultado aparecerá na página do browser tal como foi escrito no bloco de notas, com duas cores: vermelho e azul. Se houver algum erro, será apresentado o símbolo da cenoura (^) na linha especificada.

1.5 Resumo

> A XML é derivada da SGML (Standard Generalized Markup Language), que foi criada em 1986 como norma para o intercâmbio de documentos electrónicos.

> A XML foi concebida para transportar e armazenar dados. Mas o HTML foi concebido para apresentar dados

> As etiquetas XML não estão predefinidas. É necessário definir as suas próprias etiquetas (etiquetas definidas pelo utilizador).

> A XML foi concebida para transportar dados e não para os apresentar.

> A versão 1.0 da especificação XML está completa e não sofrerá alterações.

> Por convenção, os documentos XML terminam com a extensão **.xml.**

> Sem um ficheiro XML, não é possível criar uma aplicação Web.

> Os elementos vazios não têm etiquetas de fim correspondentes. Em XML, os elementos vazios devem ser terminados com uma barra oblíqua (/).

> A XML não está a mostrar nada no browser; a XML serve para descrever os dados.

> Utilizamos a XML para criar outras linguagens de programação, por exemplo: A WML (linguagem de marcação sem fios) é construída com XML.

> A XML é uma recomendação do W3c.

Capítulo 2 Definição do tipo de documento

Objetivo

O objetivo deste capítulo é compreender a relação entre uma DTD e um documento XML. A XML fornece uma forma independente de aplicação para partilhar dados. Com uma DTD, grupos independentes de pessoas podem concordar em utilizar uma DTD comum para a troca de dados. A sua aplicação pode utilizar uma DTD normalizada para verificar se os dados que recebe do mundo exterior são válidos. Também pode utilizar uma DTD para verificar os seus próprios dados. No final deste capítulo, os alunos ficarão a saber qual é a relação entre XML e DTD.

2.0 DTD (Definição do Tipo de Documento):

> A DTD é uma das especificações incluídas na XML.

> A DTD tem o seu próprio conjunto de construções e regras gramaticais que nos ajudam a preparar as nossas especificações de linguagem de marcação.

> Ou seja, as construções da DTD são compreendidas pelos analisadores XML que podem ajudar a nossa aplicação de implementação da linguagem de marcação.

O ficheiro DTD contém **os blocos de construção** (ou seja, etiquetas) de um ficheiro XML. Os blocos de construção de um documento XML são:

1. Elementos (Etiquetas)
2. Atributos
3. Entidades
4. PCDATA
5. CDATA

Depois de criar o ficheiro XML com a ajuda de ficheiros DTD, é necessário verificar a boa formação do ficheiro XML e a validação do ficheiro XML com base no ficheiro DTD:

1. XML bem formado
2. XML válido

1. **Ficheiro XML bem formado:**

- Se o ficheiro XML seguir toda a sintaxe da XML (elementos de raiz, valores de atributos entre aspas duplas, aninhamento de etiquetas, etc.), esse ficheiro XML é designado por XML bem formado.
- Nem todos os documentos bem formados são válidos.

Exemplo: <!DOCTYPE student SYSTEM "student.dtd">

<estudante>

<sno>1</sno>

</estudante>

O texto acima é o XML bem formado.

2. **XML válido:**

Para verificar se o XML é válido ou não, esse ficheiro XML deve ser criado com base nas etiquetas ou elementos definidos no ficheiro DTD.

Example 1:

Aluno.dtd

<! ELEMENTO aluno VAZIO>

estudante.xml

<! DOCTYPE student SYSTEM "student.dtd">

<estudante>

</estudante>

Este ficheiro XML é válido e está bem formado.

Example 2:

Aluno.dtd

<! ELEMENTO aluno VAZIO>

estudante.xml

<! DOCTYPE student SYSTEM "student.dtd">

<estudante>

<sno>1</sno>

</estudante>

Este ficheiro XML está bem formado. Este ficheiro XML não é válido (Porque sno não faz parte da DTD).

2.1 Tipos de DTD:

A DTD pode ser declarada dentro de um documento XML (ou) como um documento externo.

2.1.1 Declaração DTD interna:

Se a DTD for declarada no interior do ficheiro XML, deve ser envolvida numa definição DOCTYPE com a seguinte **sintaxe**:

<! DOCTYPE elemento_raiz [declaração_do_elemento]>

Exemplo:

Documento XML com uma DTD interna

<? XML version="1.0"?>

<! DOCTYPE nota [

<! ELEMENTO nota (para, de, título)>

<! ELEMENTO para (#PCDATA)>

<! ELEMENTO de (#PCDATA)>

<! ELEMENTO cabeçalho (#PCDATA)>

]>

<note>

<para>jaya</para>

<de>changal</from>

<heading>olá</heading>

</note>

No exemplo acima;

> ! **DOCTYPE** note define que o elemento raiz deste documento é note.

> ! **ELEMENT** note define que o elemento note contém três elementos "to, from, heading".

> ! **ELEMENT** to define o elemento to como sendo do tipo "#PCDATA".

> ! **ELEMENT** from define o elemento from como sendo do tipo "#PCDATA".

> ! **ELEMENT** heading define o elemento de título como sendo do tipo "#PCDATA".

Nota:

No exemplo acima, tanto o DTD como os ficheiros XML podem ser escritos no mesmo bloco de notas e guardados com a extensão **.dtd** (ex: **note.dtd**).

2.1.2 Declaração DTD externa:

Se a DTD for declarada num ficheiro externo, deve ser incluída numa definição DOCTYPE com a seguinte **sintaxe**:

<! DOCTYPE root_element SYSTEM "filename">

Exemplo:

Este é o mesmo documento XML que o anterior, mas com uma DTD externa

<?XML versão="1.0">

< ! DOCTYPE note SYSTEM "note.dtd">

<note>

<para>jaya</para>

<de>changal</from>

<heading>olá</heading>

</note>

E este é o ficheiro "**note.dtd**" que contém a DTD:

<! ELEMENTO nota (para, de, título)>

<! ELEMENTO para (#PCDATA)>

<! ELEMENTO de (#PCDATA)>

<! ELEMENTO cabeçalho (#PCDATA)>

Nota: Neste exemplo, comece por escrever o ficheiro XML no bloco de notas e guarde-o com a extensão **.xml** (por ex.: **note.xml**) e pegue noutro bloco de notas e escreva a DTD, guardando-a com a extensão .dtd (por ex.: note.dtd). Mas, neste caso, tanto o xml como a DTD estão disponíveis na mesma pasta, caso contrário, deve especificar o caminho completo onde o ficheiro DTD está guardado.

Por exemplo: se a DTD estiver armazenada na unidade c e o ficheiro XML estiver armazenado na unidade d. Então a declaração é;

<! DOCTYPE note SYSTEM "c:\dtd\note.dtd">

2.2 Elementos DTD:

Os elementos são os **principais blocos de construção** do documento XML. Os elementos de uma linguagem de marcação são utilizados para descrever o conteúdo que encerram.

Declaração de um elemento:

<elemento> conteúdo </element>

<-Opening tag-> conteúdo do elemento <-Closing tag->

O conteúdo de um elemento pode ser texto / outros elementos, etc. Com base no conteúdo do elemento, os elementos são categorizados em 4 tipos, como indicado abaixo

a. Apenas elementos filhos

b. Apenas texto

c. Vazio

d. Misto

a. Apenas elemento filho:

Este tipo de elementos permite apenas um (ou) mais elementos como conteúdo.

Ex:

<nome>

<nome_primeiro> abc <nome_primeiro>

<last_name> xyz </last_name>

</nome>

O conteúdo do elemento "name" é o elemento <first_name> e o elemento <last_name>

No código anterior, o elemento "name" é um elemento filho apenas do tipo element, em que o conteúdo do elemento "name" é o elemento "first_name" e o elemento "last_name".

Para declarar estes tipos de elementos, utilize a seguinte sintaxe no documento DTD:

<! ELEMENTO ele_nome (lista de elementos filhos)>

Exemplo: Para declarar o elemento 'name'

<! ELEMENT name (first_name, last_name)>

A afirmação acima pode ser lida como se o elemento name fosse um "nome" que contém first_name e depois last_name.

Para além desta declaração básica, podemos utilizar os seguintes especificadores de ocorrência:

- ? : Especifica que o elemento pode aparecer 0 (ou) 1 vez.
- +: Especifica que o elemento pode aparecer durante 1 (ou) mais tempo.
- *: Especifica que o elemento pode aparecer durante 0 (ou) mais tempo.
- **Sem símbolo**: Especifica que o elemento só pode aparecer uma vez.

Example 1: emp.xml

<emps>

<emp empno="e123" working="yes" managerId="5665">

<name firsttname="hai" lastname="hello"/>

<salário cr_type="INR">20000</salário>

<job>SE</job>

<desc>software</desc>

</emp>

```
<emp empno="e124" >

<name firsttname="hai1" />

<salário cr_type="INR">40000</salário>

<job>Gestor</job>

</emp>

<dept deptno="d100">

<dname>cse</dname>

</desc>

</emps>
```

Os três exemplos seguintes (Exemplo2, Exemplo3, Exemplo4) baseiam-se no ficheiro emp.xml acima referido.

Example 2: Para declarar um elemento "emp" com 4 elementos filhos: nome, salário, cargo e desc. Mas o elemento "desc" deve ser declarado opcional.

```
<! ELEMENT emp (name, salary, job, desc?)>
```

Example 3: Para declarar um elemento "emp" que pode conter um (ou mais) elementos "emp".

```
<! ELEMENT emps (emp+)>
```

Example 4:

Para declarar um elemento "emp" que deve permitir um salário (ou) um elemento de salário na segunda posição da sua lista de filhos.

```
<! ELEMENT emp (name,(salary|wages),job,desc?)>
```

NOTA: O nome do elemento pode ser qualquer nome completo com o significado que melhor descreva o seu conteúdo. Mas não pode começar com um número (não pode conter um número) e não deve conter espaços em branco (ou seja, separadores, espaços, combinação de novas linhas) e caracteres especiais.

b. **Elementos apenas de texto:** São elementos cujo conteúdo pode ser um simples texto.

Sintaxe:

<! ELEMENT ele_name (#PCDATA)>

PCDATA é um texto que será analisado por um analisador. O texto será examinado pelo analisador para entidades e marcação. Mas não aceitará caracteres como <,>etc.

Ex: Para declarar um elemento first_name,

<! ELEMENT first_name (#PCDATA)>

NOTA: Para declarar elementos apenas de texto, só existe um tipo de dados suportado pela DTD, ou seja, PCDATA.

c. **VAZIO:** Este tipo de elementos não aceita qualquer conteúdo.

Sintaxe: <! ELEMENT ele_name EMPTY>

Exemplo: <! ELEMENTO br VAZIO>

Exemplo de XML:

d. **Misto:** Este tipo de elementos aceita ter o seu elemento filho juntamente com texto como conteúdo e pode até estar vazio.

Sintaxe:

<! ELEMENT ele_name (#PCDATA | lista de elementos filhos separados por |)*>

Ex:

<! ELEMENTO b (#PCDATA |i|u|p|br)*>

Neste caso, o elemento "b" é qualquer combinação de texto, juntamente com i, p, br.

2.2.1 Desvantagens em elementos DTD:

- Não Tipos de dados
- Restrições na especificação das ocorrências.

2.3 Atributos da DTD

- Os atributos fornecem **informações adicionais sobre os elementos**.
- Os atributos são sempre colocados dentro da etiqueta de abertura de um elemento.
- Os atributos vêm sempre em pares nome/valor.

Numa DTD, os atributos são declarados com uma declaração ATTLIST.

Sintaxe:

<! ATTLIST element_name attribute_name att_type occurance_specifier [default_value]>

Tipos de atributos:

1. **CDATA**: Aceita caracteres alfa-numéricos, incluindo espaços em branco.

2. **NMTOKEN**: aceita caracteres alfanuméricos, mas com as duas restrições seguintes .

> O valor não pode começar com um número e

> O valor não pode ter espaços em branco

3. **NMTOKENS**: Aceita um (ou) mais valores baseados em NMTOKEN com um (ou) mais espaços brancos como separador.

4. **ID:**

> Aceita caracteres alfanuméricos sem espaços em branco e não pode começar por um número.

> Todos os valores de atributos do tipo ID num documento devem ser distintos (ou seja, aceitam um valor único).

> Num único elemento, podemos declarar apenas um atributo do tipo ID.

> Geralmente, os atributos do tipo ID são utilizados para identificar (ou localizar) de forma única os elementos de um documento.

Ex: O exemplo abaixo não suporta o tipo ID porque os valores de atributo de att1 e att2 são iguais.

<ele1>

<ele2 att1="a1"></ele2>

<ele2 att1="a1"></ele2>

<ele2 att1="a2></ele2>

<ele3 att2="a1"></ele3>

</ele1>

Ex: O exemplo abaixo não suporta o tipo ID porque num único elemento

só podemos declarar um atributo do tipo ID.

<ele1>

<ele2 att1="a1" att11="a1"></ele2>

<ele2 att1="a2></ele2>

<ele3 att2="a3"></ele3>

</ele1>

5. **IDREF:** Aceita um dos valores do atributo do tipo ID no mesmo documento.

6. **IDREFS:** Aceita um dos valores do atributo de tipo ID no mesmo documento. O espaço em branco é utilizado como separador.

7. **enum:**

- Aceita um dos valores especificados aquando da declaração do atributo.
- enum não é uma palavra-chave como os outros tipos de atributos acima referidos.

Ex: 1 <! ATTLIST emp working (yes|no) 'yes'>

Ex2: <! ATTLIST salary cr_type (INR|USD) 'INR'>

8. **ENTITY:** Aceita um nome de entidade não analisado

9. **ENTIDADES:** Aceita um (ou mais) nomes de entidades não analisados. O espaço em branco é utilizado como separador.

Ex: <! ATTLIST pagamento tipo CDATA "cheque">

Exemplo XML: <payment type="check"/>

Especificadores:

a) **#REQUIRED:** Marca a utilização do atributo como obrigatória

Sintaxe:

<! ATTLIST ele_name attribute_name attributetype #REQUIRED>

Exemplo de DTD:

<! ATTLIST pessoa número CDATA #REQUIRED>

Exemplo de XML válido:

<pessoa número="1234"/>

b) #IMPLIED: Marca a utilização do atributo como opcional.

Exemplo de DTD:

<! ATTLIST contacto fax CDATA #IMPLIED>

XML válido:

<contacto fax="1234"/> (ou) <contacto/>

b) #FIXED: Marca o valor do atributo para um valor fixo descrito como valor por defeito.
Sintaxe:

<! ATTLIST ele_name attribute_name attribute_type #FIXED "value"> **Exemplo de DTD:**

<! ATTLIST remetente empresa CDATA #FIXED "Microsoft">

XML válido:

<sender company="Microsoft"/>

XML inválido:

<sender company="hai"/>

2.4 Entidades DTD

As entidades são variáveis utilizadas para definir atalhos para texto padrão (ou) caracteres especiais.

- As referências de entidades são referências a entidades.
- As entidades podem ser declaradas internas (ou) externas.

Alguns caracteres têm um significado especial em XML, como o sinal de menos que (<) que define o início de uma etiqueta XML. As seguintes entidades estão predefinidas em XML:

Referências da entidade	Carácter
<	<
>	>

&	&
"	"
'	'

Figura 2.0 Entidades

As entidades podem ser declaradas internas (ou) externas.

1.1.1 Declaração interna da entidade:

Este tipo de entidades é declarado no documento DTD e acedido no documento XML.

Neste caso, o conteúdo que a entidade tem de representar é especificado na parte da declaração da entidade, ou seja, no documento DTD, pelo que estes tipos de entidades são conhecidos como entidades internas.

Sintaxe:

<! ENTITY entity_name "valor_da_entidade">

Sintaxe para referir a entidade: & nome_da_entidade;

Exemplo de DTD:

< ! ENTITY writer "hai">

<! ENTITY copyright "copyright.yahoo">

Exemplo de XML válido:

<author> &writer; ©right; </author>

1.1.2 Entidade externa:

Neste caso, o conteúdo que deve ser referido pela entidade é colocado num documento separado em vez de ser especificado no mesmo documento.

Sintaxe:

<! ENTITY entity_name SYSTEM "caminho do ficheiro que localiza o documento que contém o conteúdo a referir">

Exemplo:

<! ENTITY writer SYSTEM "entidades.dtd">

Exemplo de XML:

<author> &writer ;</author>

2.5 PCDATA e **CDATA:**

(a) PCDATA: PCDATA é o texto que será analisado por um analisador. O texto será examinado pelo analisador em busca de entidades e marcações. Mas não aceita caracteres como <,>etc. Para declarar apenas elementos de texto, só temos um tipo de dados suportado pela DTD, ou seja, PCDATA.

(b) CDATA: Aceita caracteres alfa-numéricos, incluindo espaços em branco.

2.6 Exemplo de DTD

Problema:

Nesta linguagem de marcação, pretendemos permitir que o utilizador descreva vários pormenores relativos aos trabalhadores (com um mínimo de 1 pormenor), sendo que cada pormenor inclui os seguintes elementos de dados

1. número de funcionário (deve ser único)
2. estado de funcionamento
3. id do gestor
4. nome (composto pelo nome próprio e apelido)
5. Salário (deve até descrever o tipo de moeda, que pode ser INR (ou) USD).
6. descrição do trabalho
7. Descrição do trabalhador (facultativa).
8. Para além dos múltiplos empregados que queremos descrever num departamento (considerando que todas as EMP's descritas num documento são de um único departamento), o departamento deve descrever.

- - número do departamento
- - nome do departamento
- -descrição (opcional).

Solução:

```
< ! - emps.dtd - - >
< ! ELEMENT emps (emp, dept) >
< ! ELEMENT emp (name, salary, job, desc?) >
< ! ELEMENT name EMPTY >
<! ELEMENTO salário (# PCDATA) >
<! ELEMENT job (# PCDATA) >
<! ELEMENT desc (# PCDATA) >
<! ELEMENTO dept (dname, desc?) >
<! ATTLIST emp empno ID # REQUIRED >
<! ATTLIST emp Trabalhar (sim / não) >
<! ATTLIST emp managerid IDREF #IMPLIED >
<! ATTLIST name firstname NMTOKEN # REQUIRED >
<! ATTLIST name lastname NMTOKENT # IMPLIED >
<! ATTLIST salary cr _ type (INR|USD) 'INR' >
<! ATTLIST dept deptno NMTOKEN #REQUIRED >
```

NOTA: Com base neste ficheiro **emp.dtd**, temos de criar o ficheiro **emp.xml** (já mencionado na secção 2.2, Exemplo1).

2.7 Resumo

- Os ficheiros DTD definem as regras gramaticais do documento. Não é necessário um DTD para um documento XML, mas é recomendado para a conformidade do documento. As DTDs fornecem um método de controlo de tipo de um documento XML, verificando assim a sua validade.

- Declaração de tipo de elemento! **ELEMENT** especifica que está a ser criado um elemento. O operador sinal de mais (+) indica uma ou mais ocorrências. Outros operadores incluem o asterisco (*), que indica qualquer número de ocorrências e o ponto de interrogação (), que indica zero ocorrências ou exatamente uma ocorrência. Se um operador for omitido, assume-se exatamente uma ocorrência.

> Declaração de tipo de elemento! **ATTLIST** define um atributo. O # **IMPLIED** indica que um atributo não tem um valor por defeito. O CDATA define que um atributo contém uma cadeia de caracteres.

> O # **PCDATA** especifica que um elemento pode armazenar dados de caracteres analisados. A palavra-chave EMPTY especifica que o elemento não contém conteúdo.

> Com uma DTD, cada um dos seus ficheiros XML pode conter uma descrição do seu próprio formato. Com uma DTD, grupos independentes de pessoas podem acordar a utilização de uma DTD normalizada para o intercâmbio de dados. A sua aplicação pode utilizar uma DTD normalizada para verificar se os dados que recebe do mundo exterior são válidos. Também pode utilizar uma DTD para verificar os seus próprios dados. Vimos que com a DTD, , era possível definir os blocos de construção legais de um documento XML, mas este é também o papel do esquema XML. Vamos então estudar mais de perto o esquema XML.

Capítulo 3 Esquema XML

Objetivo

O objetivo deste capítulo é compreender o conceito de Schema. O esquema XML é uma linguagem de descrição da estrutura de um documento XML. Um esquema XML é ele próprio um ficheiro XML. O conhecimento da estrutura de um documento XML permite verificar a validade desse documento. A descrição do esquema XML (ou ficheiro XSD) é um documento XML. O esquema XML é um pouco equivalente a uma DTD. O esquema XML apresenta, no entanto, várias diferenças em relação à DTD: permite, por exemplo, definir domínios de validade para o valor de um campo, o que não é possível numa DTD; por outro lado, o esquema XML não permite definir entidades. No final deste capítulo, os alunos ficarão a conhecer o objetivo do esquema.

3.1 Esquema XML:

O esquema XML inclui construtores que nos ajudam a preparar especificações da linguagem de marcação XML, em alternativa à DTD. A linguagem XML Schema é também designada por XML Schema Definition (XSD).

Desvantagens da DTD:

> Ao especificar os elementos filhos na DTD, só pode utilizar /,* (ou) + para descrever a ocorrência. Mas, na maioria dos casos, queremos descrever o número exato do limite inferior e superior. Por exemplo, podemos querer que o elemento emps tenha um mínimo de 5 elementos emp e um máximo de 20.

> A DTD não suporta tipos comuns e simples, fornecendo apenas PCDATA.

> A DTD não suporta o espaço de nomes XML.

> No caso da DTD, o nome da definição do elemento e o nome do elemento são iguais.

Esquemas XML vs DTDs:

Pensamos que, muito em breve, os esquemas XML serão utilizados na maioria das aplicações Web em substituição das DTD. Eis algumas razões:

> Os esquemas XML são extensíveis a futuras adições

- Os esquemas XML são mais ricos e mais poderosos do que as DTDs
- Os esquemas XML são escritos em XML
- Os esquemas XML suportam tipos de dados
- Os esquemas XML suportam namespaces

3.2 XSD <schema>

Uma instância de esquema XML é uma definição de esquema XML (XSD) e tem normalmente a extensão de nome de ficheiro ".xsd". A própria linguagem é por vezes informalmente referida como XSD. Foi sugerido que WXS (para W3C XML Schema) é uma sigla mais apropriada, embora este acrónimo não tenha sido muito utilizado e o grupo de trabalho do W3C o tenha rejeitado. XSD é também uma sigla para XML Schema Datatypes, a parte de tipos de dados do XML Schema.

O elemento <schema> é o elemento raiz de todos os esquemas XML.

```
<?xml version="1.0"?>

<xs:schema>

...

...

</xs:schema>
```

O elemento <schema> pode conter alguns atributos. Uma declaração de esquema geralmente tem o seguinte aspeto:

```
<?xml version="1.0"?>

<xs: schema xmlns:xs="http://www.w3.org/2001/XMLSchema"

target Namespace="http://www.rrs.com" xmlns=http://www.rrs.com>

</xs:schema>
```

A seguinte declaração:

xmlns:xs="http://www.w3.org/2001/XMLSchema"

Indica que os elementos e tipos de dados utilizados no esquema provêm do espaço de nomes "http://www.w3.org/2001/XMLSchema". Especifica também que os elementos e os tipos de dados provenientes do espaço de nomes "http://www.w3.org/2001/XMLSchema" devem ser prefixados com xs:

A declaração: target Namespace="http://www.rrs.com"

Indica que, para criar o espaço de nomes definido pelo utilizador, é necessário utilizar o atributo do espaço de nomes de destino como parte do elemento do esquema.

A declaração: xmlns="http://www.rrs.com"

Indica que o espaço de nomes predefinido é "http://www.rrs.com".

NOTA: Para os espaços de nomes, ver o capítulo seguinte (ou seja, o capítulo 9).

3.3 Elemento complexo:

> Um elemento complexo é um elemento XML que contém outros elementos e/ou atributos.

> Existem quatro tipos de elementos complexos:

- Elementos vazios
- Elementos que contêm apenas outros elementos
- Elementos que contêm apenas texto
- Elementos que contêm outros elementos e texto

Nota 1: Cada um destes elementos pode também conter atributos.

Nota 2: O esquema XML tem muitos tipos de dados incorporados. Os tipos mais comuns são:

- xs:string
- xs:decimal
- xs:inteiro
- xs:booleano
- xs:data
- xs:tempo

Sintaxe para declarar elementos de tipo complexo:

<xsd: ComplexType name=" ">

<xsd: sequence> (ou) <xsd: all>

<! - declarar os elementos - ->

</xsd: sequence> (ou) </xsd: all>

<! -declare atributos - ->

</xsd: ComplexType>

Como se mostra na sintaxe anterior, todos os elementos de um tipo complexo são descritos no elemento **"sequência" (ou) "todos"**. A utilização de **"sequence"** especifica que todos os elementos declarados devem ser utilizados na mesma sequência que a ocorrência especificada. E a utilização do elemento **"all"** especifica que todos os elementos declarados devem aparecer uma vez e apenas uma vez, mas em qualquer ordem.

Para declarar um elemento, podemos utilizar a etiqueta <xsd:element>.

Sintaxe:

<xsd:element name=" " type=" " minOccurs=" " maxOccurs=" "/>

Aqui, o atributo **"name"** especifica o nome do elemento**, "type"** especifica o tipo dos elementos, tais como xsd: string, xsd: integer, emp, etc. **minOccurs e maxOccurs** especificam as ocorrências mínimas e máximas do elemento.

NOTA: minOccurs e maxOccurs não são aplicáveis aos elementos declarados dentro da etiqueta <xsd: all>.

Ex: Declarar um tipo para emp (para tal, consultar o ficheiro **emp.xml** da secção 7.2)

<xsd:ComplexType name="empType">

<xsd:sequência>

<xsd:element name="name" type="nameType"/>

<xsd:element name="salary" type="salaryType"/>

<xsd:element name="job" type="xsd:string"/>

<xsd:element name="desc" type="xsd: string" minOccurs="0"/>

```
</xsd:sequence>
<! -declarar atributos- ->
</xsd:complexType>
```

Para declarar o tipo de emps:

```
<xsd: complexType name="empsType">
<xsd: sequência>
<xsd:element name="emp" type="empType" minOccurs="2" maxOccurs="5"/>
<! -declarando um Type interno- ->
<xsd:element name="dept">
<xsd:complexType>
<xsd: sequência>
<xsd:element name="name" type="xsd:string"/>
<xsd:element name="desc" type="xsd:string"/>
</xsd:sequence>
<! -declarar atributos- ->
<xsd:complexType>
</xsd:element>
</xsd:sequence>
</xsd: complexType>
```

NOTA:

O valor predefinido para minOccurs é 1, e para maxOccurs é igual a minOccurs (exceto zero). Se minOccurs for 0 e maxOccurs não for especificado, o valor predefinido de maxOccurs é 1. Podemos especificar 'undefined' para maxOccurs para descrever que não existe limite superior.

Para declarar atributos:

Sintaxe:

<xsd: atributo name=" " type=" " use=" " default=" "/>

Aqui, "**name**" especifica o nome do atributo, **"type"** especifica o tipo de valor que este atributo pode conter**, "use"** especifica a utilização deste atributo, como obrigatório, facultativo ou fixo.

EX: Para declarar os atributos nome e apelido para o tipo de nome.

<xsd: complexType name="nameType">

<xsd:attribute name="firstname" type="xsd:string" use="required"/>

<xsd:attribute name="lastname" type="xsd:string" use="optional"/>

</xsd:complexType>

NOTA:

O complexType declarado acima não tem um elemento <xsd:sequence> (ou) <xsd:all>, o que descreve que este tipo de elemento não permite elementos filhos, o que significa que pode ser texto/vazio. Para tornar esta definição mais clara, podemos utilizar o atributo ' content="empty" 'no elemento <xsd: complexType>. Os outros valores para o conteúdo podem ser mistos, texto (ou) apenas elemento.

3.3 Tipo simples:

Um elemento simples é um elemento XML que só pode conter texto. Não pode conter quaisquer outros elementos ou atributos.

No entanto, a restrição "apenas texto" é bastante enganadora. O texto pode ser de muitos tipos diferentes. Pode ser um dos tipos incluídos na definição do esquema XML (booleano, cadeia de caracteres, data, etc.), ou pode ser um tipo personalizado que o próprio utilizador pode definir.

Declarar tipos simples:

Sintaxe para declarar um tipo simples:

<xsd:SimpleType name= " ">

<xsd:restriction base=" ">

```
</xsd:restrição>

</xsd:SimpleType>
```

Aqui, **"name"** especifica o nome do tipo e o atributo **"base"** do elemento de restrição especifica o tipo de base deste tipo simples, que pode ser um tipo comum (ou) outro tipo simples. Utilizamos as etiquetas secundárias de restrição para definir as regras adicionais do tipo.

As etiquetas secundárias das restrições são

(a) <xsd:minInclusive>

(b) <xsd:maxInclusive>

(c) <xsd:minExclusive>

(d) <xsd:maxExclusive>

Nota:

O elemento minInclusive é utilizado para definir o valor mínimo aceitável, para especificar o valor utilizamos o atributo nomeado "value". O mesmo acontece com os outros 3 elementos.

EX:

```
<xsd:simpleType name="salaryType">

<xsd:restriction base="xsd:decimal">

<xsd:minInclusive value="5000"/>

<xsd:maxExclusive value="25000"/>

</xsd:restrição>

</xsd:simpleType>
```

(e) **<xsd:length>:** É utilizado para especificar o número de caracteres que este tipo aceita. Para especificar o tamanho, utilizamos o atributo 'value'.

EX:

```
<xsd:SimpleType name="descType">

<xsd:restriction base="xsd:string">

<xsd:length value="25"/>
```

```
</xsd:restrição>

</xsd:SimpleType>
```

(f) <xsd:enumeration>: Este elemento é utilizado para especificar um dos valores possíveis que este tipo aceita. Para especificar o valor utiliza-se o atributo 'value'. Este elemento pode ser utilizado várias vezes para especificar vários valores possíveis.

EX:

```
<xsd:SimpleType name="jobType">

<xsd:restriction base="xsd:string">

<xsd:enumeration value="manager"/>

<xsd:enumeração value="SE"/>

<xsd:enumeração value="srse"/>

<xsd:enumeração value="TL"/>

</xsd:restrição>

</xsd:SimpleType>
```

NOTA:

Não é obrigatório utilizar xsd:string como tipo de base; em alternativa, podemos utilizar qualquer outro tipo comum/simples como tipo de base. Para além da restrição, podemos utilizar <xsd:extension> como elemento filho de <xsd:simpletype>. Queremos usar extensão se quisermos adicionar extensões ao tipo de base.

EX:

```
<xsd:SimpleType name="new-salaryType">

<xsd:extension base="salaryType">

<xsd:attribute name="cr-type" type="xsd:string"/>

</xsd:extensão>

</xsd:SimpleType>
```

(g) Escolher entre os elementos:

Quando queremos definir os elementos a escolher entre eles, utilizamos o elemento

<xsd:choice>. Este elemento é utilizado para incluir duas ou mais declarações de elementos. Neste caso, não temos a opção de usar minOccurs e maxOccurs para elementos, mas podemos usar o elemento <xsd:choice>.

EX:

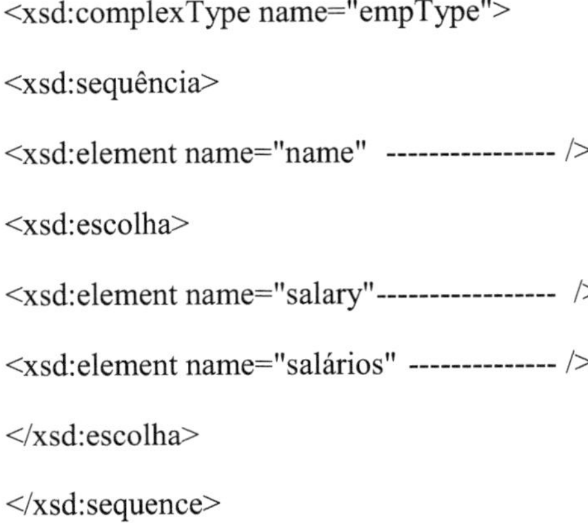

```
<xsd:complexType name="empType">
<xsd:sequência>
<xsd:element name="name"  ---------------- />
<xsd:escolha>
<xsd:element name="salary"----------------- />
<xsd:element name="salários" -------------- />
</xsd:escolha>
</xsd:sequence>
```

3.4 Resumo

> Este tutorial ensinou-lhe como descrever a estrutura de um documento XML.

> Aprendeu a utilizar um esquema XML para definir os elementos legais de um documento XML, tal como uma DTD. Pensamos que, muito em breve, os esquemas XML serão utilizados na maioria das aplicações Web em substituição das DTD.

> Também aprendeu que a linguagem XML Schema é muito rica. Ao contrário das DTDs, suporta tipos de dados e espaços de nomes.

Capítulo 4 Espaços de nomes XML

Objetivo

O objetivo deste capítulo é compreender os espaços de nomes XML. Os espaços de nomes XML fornecem um método simples para qualificar nomes de elementos e atributos utilizados em documentos Extensible Markup Language, associando-os a espaços de nomes identificados por referências URI. No final deste capítulo, os alunos sabem como utilizar este conceito de espaço de nomes e a utilização deste conceito.

4.1 Introdução aos espaços de nomes

> O espaço de nomes permite-nos definir os elementos e atributos com uma identificação única.

> Isto é semelhante ao conceito de pacotes que temos em java

> Isto permite definir os elementos em diferentes documentos XSD e referenciá-los de forma única.

Exemplo:

```
<pessoal>

<nome>hai</nome>

<dept>

<nome>olá</nome>

</dept>

<sala>35536</sala>

</staff>
```

Neste exemplo, temos dois elementos chamados **nome**, mas cada um deles representa coisas diferentes e tem significados diferentes. As aplicações confundem estes dois elementos, tornando assim todo o documento XML inútil. Num documento pequeno, isso não é um problema, pois pode simplesmente inventar um novo nome para um dos elementos. Para as grandes organizações, há um maior número de esquemas XML, pelo que se utiliza o conceito de **namespaces**.

4.2 Declaração do espaço do nome:

Para declarar um espaço de nomes para os tipos definidos no nosso documento de esquema XML, utilizamos **o atributo Name Space de destino da etiqueta <xsd: schema>**.

O espaço de nomes de destino recebe um URI (Uniform Resource Indicator) que é utilizado para referir os tipos de forma exclusiva.

Ex:

<xsd: schema targetNameSpace=http://URI/mytypes ....>

</xsd: esquema>

Para referir tipos/elementos com o seu espaço de nomes único:

4.1.1 Opção 1: Espaço de nomes geral

Neste caso, declaramos o espaço de nomes com um prefixo que pode ser utilizado no documento para referir os tipos/elementos.

Sintaxe: xmlns: <prefixo>="URI"

Ex:

<ele xmlns:mytypes="http://www.w3.org/mytypes" >

</ele>

NOTA:

O âmbito do prefixo declarado será o do elemento em que é declarado, ou seja, estará disponível para os seus descendentes e descendentes, incluindo ele próprio. **4.1.2 Opção 2:** Espaço de nomes por defeito

Neste caso, declaramos um espaço de nomes sem um prefixo, como se mostra abaixo:

Sintaxe:

<ele xmlns="_http://www.w3.org.com/mytypes">

... ...

</ele>

Assim, todos os elementos e atributos não qualificados no seu âmbito são abrangidos por este espaço de nomes (ou seja, os elementos e atributos sem prefixo são considerados elementos/atributos não qualificados).

4.2 Exemplos

Conflitos de nomes

Em XML, os nomes dos elementos são definidos pelo programador. Este facto resulta frequentemente num conflito quando se tenta misturar documentos XML de diferentes aplicações XML.

Este XML contém informações sobre uma empresa (dados pessoais):

<empresa>

<eno>1</eno>

<ename>Olá</ename>

</empresa>

Este XML contém informações sobre uma empresa (pormenores do departamento):

<empresa>

<dno>12345</dno>

<dname>computadores</dname>

</empresa>

Se estes fragmentos XML fossem adicionados, haveria um conflito de nomes. Ambos contêm um elemento <company>, mas os elementos têm conteúdo e significado diferentes.

Resolver o conflito de nomes utilizando um prefixo

Os conflitos de nomes em XML podem ser facilmente evitados utilizando um prefixo de nome.

Este XML contém informações sobre um funcionário e um departamento:

<e:empresa>

<e:eno>1</e:eno>

<e:ename>Olá</e:ename>

</e:empresa>

<d:empresa>

<d:dno>12345</d:dno>

<d:dname>computadores</d:dname>

</d:empresa>

No exemplo acima, não haverá conflito porque os dois elementos <company> têm nomes diferentes.

Espaços de nome XML - O atributo xmlns

Quando se utilizam prefixos em XML, deve ser definido um **espaço de nomes** para o prefixo.

O espaço de nomes é definido pelo **atributo xmlns** na etiqueta de início de um elemento.

Opção 1: Exemplo de espaço de nome geral

A declaração do espaço de nomes tem a seguinte sintaxe. **xmlns:*prefix*="*URI*".**

<raiz>

<e:empresa xmlns:e="http://www.w3.org/emp/">

<e:eno>1</e:eno>

<e:ename>Olá</e:ename>

</e:empresa>

<d:empresa xmlns:d="http://www.w3.org/dept/">

<d:dno>12345</d:dno>

<d:dname>computadores</d:dname>

</d:empresa>

</root>

No exemplo acima, o atributo xmlns na tag <company> dá aos prefixos e: e d: um namespace qualificado.

Quando um espaço de nomes é definido para um elemento, todos os elementos filhos com o mesmo prefixo são associados ao mesmo espaço de nomes.

Os espaços de nomes podem ser declarados nos elementos em que são utilizados ou no elemento de raiz XML:

```
<root xmlns: e=http : //www. w3. org/emp/ xmlns:d="http ://www.w3. org/dept/">
<e:empresa >
<e:eno>1</e:eno>
<e:ename>Olá</e:ename>
</e:empresa>
<d:empresa >
<d:dno>12345</d:dno>
<d:dname>computadores</d:dname>
</d:empresa>
</root>
```

Nota:

> O namespace URI não é utilizado pelo analisador para procurar informações.

> O objetivo é dar ao espaço de nomes um nome único. No entanto, muitas vezes as empresas utilizam o espaço de nomes como um ponteiro para uma página Web que contém informações sobre o espaço de nomes.

Opção 2: Exemplo de espaços de nome predefinidos

A definição de um espaço de nome predefinido para um elemento evita a utilização de prefixos em todos os elementos filhos. Tem a seguinte sintaxe:

xmlns="*namespaceURI*"

Este XML contém informações sobre o quadro emp:

```
<company xmlns="http://www.w3.org/emp/">
<eno>1</eno>
<ename>Olá</ename>
</empresa>
```

Este XML contém informações sobre um departamento:

<company xmlns="http://www.w3. org/dept/">

<dno>12345</dno>

<dname>computadores</dname>

</empresa>

4.3 Resumo

> Os espaços de nomes XML fornecem um método para evitar conflitos de nomes de elementos.

> Para referir tipos/elementos com o seu espaço de nomes único, temos duas opções. São os espaços de nomes gerais e predefinidos.

Capítulo 5 XML DOM (Modelo de Objeto de Documento)

Objetivo

O Modelo de Objeto de Documento XML (DOM) é uma interface de programação para documentos XML. Define a forma como um documento XML pode ser acedido e manipulado.

O XML DOM é uma recomendação do W3C

Enquanto especificação do W3C, o objetivo do XML DOM tem sido fornecer uma interface de programação normalizada a uma grande variedade de aplicações. O XML DOM foi concebido para ser utilizado com qualquer linguagem de programação e qualquer sistema operativo. Com o XML DOM, um programador pode criar um documento XML, navegar na sua estrutura e adicionar, modificar ou apagar os seus elementos.

5.0 Introdução ao DOM

> O processo de pegar num ficheiro e dividi-lo nos seus componentes é designado por **análise (parsing).** Os componentes são definidos por uma gramática, as regras da língua, embora isso possa estar implícito na estrutura do ficheiro e não formalmente especificado. A análise é uma das actividades mais comuns realizadas pelo software.

> Existem quatro parâmetros que podem ser utilizados para categorizar os analisadores. Podem ser de **validação, não validação, baseados em fluxo ou baseados em árvore**. Um **analisador de validação** utiliza um ficheiro XML e uma DTD para verificar se o XML cumpre as regras da aplicação. Se o XML violar as regras ao afastar-se da DTD, o analisador criará um erro e deixará de processar os ficheiros.

> **Os analisadores sem validação** são muito mais tolerantes. Apenas utilizam o documento XML e ficam satisfeitos se este estiver bem formado. Um documento bem formado é aquele que segue as regras gerais da XML, como ter apenas um elemento de nível superior e não ter etiquetas sobrepostas.

> O analisador pode funcionar utilizando um fluxo ou uma árvore de dados. **Os analisadores baseados em fluxo** têm de ler todo o documento sempre que é pedida uma operação e enviar uma mensagem à aplicação de controlo quando ocorrem eventos

específicos.

> **Um analisador baseado em árvore** constrói uma representação estática do documento que corresponde à estrutura do XML original. Esta árvore pode ser actualizada adicionando, removendo ou modificando os nós em tempo de execução.

> Dois módulos são normalmente utilizados para analisadores: SAX e DOM. Os analisadores SAX são utilizados para lidar com fluxos de dados. O modelo SAX é, no entanto, inadequado para utilização em sítios Web em que é necessário consultar e atualizar repetidamente o documento XML. Nesses casos, é preferível um analisador baseado no **DOM**.

> O DOM é uma norma do W3C (World Wide Web Consortium).

> O DOM define uma norma para aceder a documentos XML.

> O XML DOM é:

- Um modelo de objeto normalizado para XML
- Uma interface de programação normalizada para XML
- Independente de plataforma e linguagem
- Uma norma W3C

> O XML DOM define os **objectos e as propriedades** de todos os elementos XML, bem como os métodos (interface) para lhes aceder.

> O XML DOM é uma norma para **obter, alterar, adicionar ou eliminar** elementos XML.

5.1 Árvore de nós XML DOM:

No DOM, tudo num documento XML é um nó.

O DOM diz:

> O documento inteiro é um nó de documento.

> Cada elemento XML é um nó de elemento.

> Os textos nos elementos XML são nós de texto.

> Cada atributo é um nó de atributo.

> Os comentários são nós de comentários.

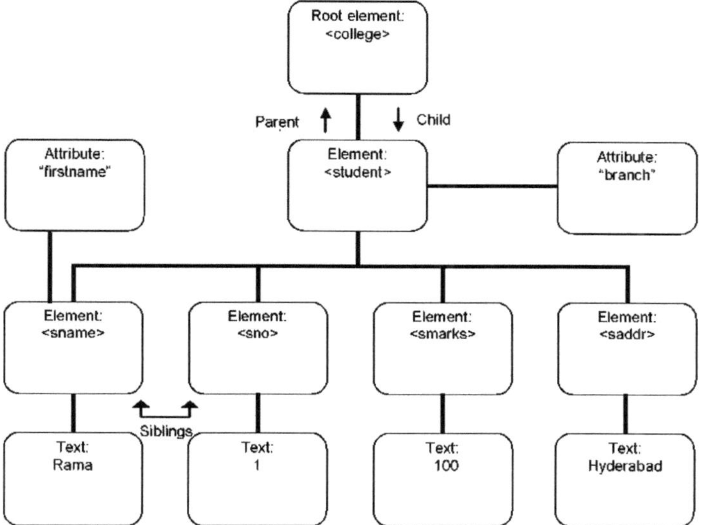

Fig.5.0 Árvore DOM NODE

O DOM XML vê um documento XML como uma estrutura em árvore. A estrutura em árvore é designada **por árvore de nós.** Todos os nós podem ser acedidos através da árvore. Os seus conteúdos podem ser modificados ou eliminados e podem ser criados novos elementos.

A árvore de nós mostra o conjunto de nós e as ligações entre eles. A árvore começa no nó raiz e ramifica-se para os nós de texto no nível mais baixo da árvore.

Este é o ficheiro XML (college.xml) para a árvore DOM acima referida

```
<faculdade>

<aluno ramo="cse">

<sname firstname="h">Rama</sname>

<sno>1</sno>

<marcas>100</marcas>
```

```
<saddr>Hyderabad</saddr>
</estudante>
<sector do aluno="ECE">
<sname firstname="r">sita</sname>
<sno>1</sno>
<marcas>80</marcas>
<saddr>Delhi</saddr>
</estudante>
<aluno ramo="EEE">
<sname firstname="p">Rani</sname>
<sno>1</sno>
<marcas>80</marcas>
<saddr>Puna</saddr>
</aluno> </faculdade>
```

5.2 Analisar o XML DOM:

Todos os browsers modernos têm um analisador XML incorporado que pode ser utilizado para ler e manipular XML.

O analisador lê XML na memória e converte-o num objeto XML DOM que pode ser acedido com JavaScript.

Existem algumas diferenças entre o analisador XML da Microsoft e os analisadores utilizados noutros navegadores. O analisador da Microsoft suporta o carregamento de ficheiros XML e cadeias de caracteres XML (texto), enquanto outros navegadores utilizam analisadores separados. No entanto, todos os analisadores contêm funções para percorrer árvores XML, aceder, inserir e eliminar nós.

5.2.1 Carregando XML com o analisador XML da Microsoft

O analisador XML da Microsoft está incorporado no Internet Explorer 5 e superior.

O seguinte fragmento de JavaScript carrega um documento XML ("college.xml") no

analisador:

```
XmlDoc=new ActiveXObject("Microsoft.XMLDOM");

xmlDoc.async="false";

xmlDoc.load("college.xml");
```

Código explicado:

- A primeira linha cria um objeto de documento Microsoft XML vazio.
- A segunda linha desactiva o carregamento assíncrono, para garantir que o analisador não continuará a execução do script antes de o documento estar completamente carregado.
- A terceira linha diz ao analisador para carregar um documento XML chamado "college.xml".

O seguinte fragmento de JavaScript carrega uma string chamada txt no analisador:

```
xmlDoc=new ActiveXObject ("Microsoft.XMLDOM");

xmlDoc.async="false";

xmlDoc.loadXML(txt);
```

Nota: O método **loadXML ()** é utilizado para carregar cadeias de caracteres (texto), **load()** é utilizado para carregar ficheiros.

5.2.2 Analisador XML em Fire fox e outros browsers:

O seguinte fragmento de JavaScript carrega um documento XML ("college.xml") no analisador:

```
xmlDoc=document.implementation.createDocument("","", null);

xmlDoc.async="false";

xmlDoc.load("college.xml");
```

Código explicado:

- A primeira linha cria um objeto de documento XML vazio.
- A segunda linha desactiva o carregamento assíncrono, para garantir que o analisador não continuará a execução do script antes de o documento estar totalmente carregado.
- A terceira linha diz ao analisador para carregar um documento XML chamado

"college.xml".

O seguinte fragmento de JavaScript carrega uma string chamada txt no analisador:

```
parser=new DOMParser ();
xmlDoc=parser.parseFromString(txt, "text/xml");
```

Código explicado:

- A primeira linha cria um objeto de documento XML vazio.
- A segunda linha diz ao analisador para carregar uma cadeia de caracteres chamada txt.

Nota: O Internet Explorer utiliza o método **loadXML ()** para analisar uma cadeia XML, enquanto outros navegadores utilizam o objeto **DOMParser**.

Analisar um ficheiro XML - Um exemplo entre navegadores

O exemplo seguinte carrega um documento XML ("college.xml") para o analisador XML:

```
<html> <body>
<script type="text/javascript">
try //Internet Explorer
{
xmlDoc=new ActiveXObject("Microsoft.XMLDOM");
}
catch(e)
{
tente //Fire fox, Mozilla, Opera, etc.
{
xmlDoc=document.implementation.createDocument("","",null);
}
catch (e) {alert(e.message)}
}
tentar
```

```
{
xmlDoc.async=false;
xmlDoc.load("college.xml");
document.write("xmlDoc está carregado, pronto a ser utilizado");
}
catch(e) {alert(e.message)}
</script> </body> </html>
```

SAÍDA:

XmlDoc está carregado, pronto a ser utilizado

NOTA: guarde o documento acima com a extensão .html (ou seja, **d.html**) e o ficheiro xml (ou seja, **college.xml**) deve ser guardado na mesma pasta (ou seja, **d.html e college.xml** devem estar na mesma pasta).

Função de carregamento de XML DOM:

O código para carregar documentos XML pode ser armazenado numa função.

A função descrita abaixo é utilizada em todos os exemplos deste capítulo.

Uma função de carregamento de XML - loadXMLDoc ()

O XML DOM contém métodos (funções) para percorrer árvores XML, aceder, inserir e eliminar nós.

No entanto, antes de um documento XML poder ser acedido e manipulado, tem de ser carregado num objeto XML DOM.

Utilizamos a função loadXMLdoc em todos os programas. Para simplificar a manutenção deste código, ele deve ser escrito como uma função:

```
função loadXMLDoc (dname)
{
try //Internet Explorer
{
xmlDoc=new ActiveXObject ("Microsoft.XMLDOM");
```

```
}
catch(e)
{
tente //Fire fox, Mozilla, Opera, etc.
{
xmlDoc=document.implementation.createDocument ("","", null);
}
catch(e) {alert(e.message)}
}
tentar
{
xmlDoc.async=false;
xmlDoc.load (dname);
return (xmlDoc);
}
catch(e) {alert(e.message)}
return(null);
}
```

A função acima pode ser armazenada na secção <head> de uma página HTML e chamada a partir de um script na página.

NOTA: O javascript acima pode ser guardado com a extensão **.js (ou seja, "loadxmldoc.js")**

Uma função de carga externa

Para tornar a função acima ainda mais fácil de manter, e para garantir que o mesmo código é utilizado em todas as páginas, pode ser armazenado num ficheiro externo.

Chamámos ao ficheiro "loadxmldoc.js"

O ficheiro pode ser carregado na secção <head> de uma página HTML, e

loadXMLDoc() pode ser chamado a partir de um script na página:

```
<html> <head>

<script type="text/javascript" src="loadxmldoc.js">

</script> </head>

<body>

<script type="text/javascript">

xmlDoc=loadXMLDoc("college.xml");

document.write("xmlDoc está carregado, pronto a ser utilizado");

</script> </body> </html>
```

NOTA: A função descrita acima é utilizada em todos os exemplos deste capítulo

Uma função de carregamento de XML - loadXMLString()

Uma função semelhante pode ser utilizada para carregar uma cadeia XML (em vez de um ficheiro XML):

```
função loadXMLString(txt)

{

try //Internet Explorer

{

xmlDoc=new ActiveXObject("Microsoft.XMLDOM");

xmlDoc.async="false";

xmlDoc.loadXML(txt);

return(xmlDoc);

}

catch(e)

{

tente //Firefox, Mozilla, Opera, etc.

{
```

```
parser=new DOMParser();

xmlDoc=parser.parseFromString(txt, "text/xml");

return(xmlDoc);

}

catch(e) {alert(e.message)}

}

return(null);

}
```

Para tornar a função acima mais fácil de manter e para garantir que o mesmo código é utilizado em todas as páginas, pode ser armazenado num ficheiro externo.

Armazenámos num ficheiro chamado **"loadxmlstring.js".**

5.3 XML DOM - Propriedades e métodos

> As propriedades e os métodos definem a interface de programação para o XML DOM.

> O DOM modela o XML como um conjunto de objectos de nós. Os nós podem ser acedidos com JavaScript ou outras linguagens de programação. Neste tutorial, usaremos JavaScript.

> A interface de programação para o DOM é definida por um conjunto de propriedades e métodos padrão.

As propriedades são frequentemente referidas como algo que é (por exemplo, nodename é "estudante").

Os métodos são frequentemente designados como algo que é feito (ou seja, eliminar o "aluno").

5.3.1 Métodos XML DOM:

> **x.getChildNodes :** Devolve uma lista de todos os filhos do nó atual. Este é devolvido como um objeto Node List que tem os seus próprios métodos.

> **x.getFirstChild :** Devolve o primeiro filho do nó atual.

> **x.getLastChild:** Devolve o último filho do nó atual.

> **x.getPreviousSibling:** Devolve o nó imediatamente antes do nó atual

> **x.getNextSibling :** Devolve o nó imediatamente a seguir ao nó atual

> **x.getAttributes**: Devolve um NamedNodeMap que contém os atributos do nó atual.

> **x.insertBefore (newnode, refnode):** Insere o novo nó imediatamente antes do nó atual que é passado como parâmetro refnode.

> **x.replaceNode (newnode, oldnode):** Substitui o nó no seu segundo parâmetro pelo nó no primeiro.

> **x.removeChild (child):** Remove o nó filho da árvore.

> **x.appendChild (child) :** Anexa o filho ao fim da lista de filhos do nó atual.

> **x.getElementsByTagName ("tag"):** Devolve todos os elementos que têm o nome fornecido como parâmetro. Para devolver todos os elementos de uma árvore, utilize o parâmetro "*". O parâmetro é uma string que deve ser colocada entre aspas.

5.3.2 Propriedades XML DOM:

Estas são algumas das propriedades típicas da DOM:

- x.nodeName - o nome de x
- x.nodeValue - o valor de x
- x.parentNode - o nó pai de x
- x.childNodes - os nós filhos de x
- x.attributes - os nós de atributos de x
- **Nota:** Na lista acima, x é um objeto de nó.

5.4 Exemplos

Example 1: Acesse um nó usando seu número de índice em uma lista de nós. Este exemplo usa o método getElementsByTagname () para obter o segundo elemento <sname> em "college.xml"

```
<html> <head>
<script type="text/javascript" src="loadxmldoc.js"></script>
</head>
<body>
<script type="text/javascript">
xmlDoc=loadXMLDoc("college.xml");
x=xmlDoc.getElementsByTagName("sname");
document.write(x[2].childNodes[0].nodeValue);
</script> </body> </html>
```

SAÍDA: Rani

Example 2: Este exemplo utiliza a propriedade nodeType para obter o tipo de nó do elemento raiz em "college.xml".

```
<html> <head>
<script type="text/javascript" src="loadxmldoc.js"></script>
</head>
<body>
<script type="text/javascript">
xmlDoc=loadXMLDoc ("college.xml");
document. write (xmlDoc.documentElement.nodeName);
document. write ("<br />");
document.write(xmlDoc.documentElement.nodeType);
</script> </body> </html>
```

SAÍDA:

Faculdade

1

NOTA: Os dois exemplos acima podem ser guardados com a extensão **.html.**

Example 3: **Este exemplo usa removeChild() para remover o nó de texto do primeiro elemento <sname>.**

```
<html> <head>
<script type="text/javascript" src="loadxmldoc.js">
</script> </head>
<body>
<script type="text/javascript">
xmlDoc=loadXMLDoc("college.xml");
x=xmlDoc.getElementsByTagName("sname")[0];
document.write("Nós filhos: ");
document.write(x.childNodes.length);
document.write("<br />");
y=x.childNodes[0];
x.removeChild(y);
document.write("Nós filhos: ");
document.write(x.childNodes.length);
</script> </body> </html>
```

SAÍDA:

Nós filhos: 1

Nós filhos: 0

5.5 Resumo

- O DOM é uma norma do W3C (World Wide Web Consortium).
- O DOM define uma norma para aceder a documentos XML.
- O DOM é uma Interface de Programa de Aplicação (API) para documentos XML.
- O XML DOM é um modelo de objeto normalizado para XML

- O XML DOM é uma plataforma e linguagem independente

- O XML DOM define os **objectos e as propriedades** de todos os elementos XML, bem como os métodos (interface) para lhes aceder.

- O XML DOM é uma norma para **obter, alterar, adicionar ou eliminar** elementos XML.

- O DOM XML vê um documento XML como uma estrutura em árvore. A estrutura em árvore é designada **por árvore-nó.**

- O analisador lê XML na memória e converte-o num objeto XML DOM que pode ser acedido com JavaScript.

- x.getElementsByTagName (*name*) - obtém todos os elementos com um nome de etiqueta especificado. Onde x é um objeto nó.

Capítulo 6 XSL (Linguagem de folha de estilo XML)

Objetivo

XSL é a *Extensible Stylesheet Language (linguagem de folha de estilo extensível*). A XSL transforma e traduz dados XML de um formato XML para outro. Considere, por exemplo, que o mesmo documento XML pode precisar de ser apresentado em HTML, PDF e Postscript. Sem a XSL, o documento XML teria de ser duplicado manualmente e depois convertido em cada um destes três formatos. Em vez disso, a XSL fornece um mecanismo de definição de folhas de estilo para realizar este tipo de tarefas. Em vez de ter de alterar os dados devido a uma representação diferente, a XSL permite uma separação completa entre dados, ou conteúdo, e apresentação. Se um documento XML precisar de ser mapeado para outra representação, então o XSL é uma excelente solução. Fornece um método comparável à escrita de um programa Java para traduzir dados para um documento PDF ou HTML, mas fornece uma interface padrão para realizar a tarefa. Para efetuar a tradução, um documento XSL pode conter *objectos de formatação.* Estes objectos de formatação são etiquetas específicas nomeadas que podem ser substituídas pelo conteúdo apropriado para o tipo de documento de destino. Um objeto de formatação comum pode definir uma etiqueta que um processador utiliza na transformação de um documento XML em PDF; neste caso, a etiqueta seria substituída por informação específica do PDF. Os objectos de formatação são instruções XSL específicas e, embora as discutamos ligeiramente, ultrapassam largamente o âmbito deste livro. Em vez disso, concentrar-nos-emos mais no XSLT, um processo de transformação completamente baseado em texto. Através do processo de XSLT (*Extensible Style sheet Language Transformation*), uma folha de estilo textual XSL e um documento XML textual são "fundidos" e o resultado são os dados XML formatados de acordo com a folha de estilo XSL.

6.0 Introdução

> XSL significa Extensible Stylesheet Language (linguagem de folha de estilo extensível).

> A linguagem de marcação XSL é utilizada para transformar dados de uma linguagem de marcação para outra.

> O XSLT (XSL Transformation Engine) é uma implementação da linguagem de marcação XSL.

> O World Wide Web Consortium (W3C) começou a desenvolver a XSL porque havia necessidade de uma linguagem de folha de estilo baseada em XML.

CSS = Folhas de estilo HTML

O HTML utiliza etiquetas predefinidas e o seu significado é **bem conhecido.**

A tabela< > elemento em HTML define uma tabela - e um browser sabe **como a apresentar**.

Adicionar estilos a elementos HTML é simples. Dizer a um navegador para apresentar um elemento num tipo de letra ou cor especial é fácil com CSS.

XSL = Folhas de estilo XML

A XML não utiliza etiquetas predefinidas (podemos utilizar os nomes de etiquetas que quisermos) e o significado destas etiquetas **não é bem compreendido.**

Um elemento <table> pode significar uma tabela HTML, uma peça de mobiliário ou qualquer outra coisa - e um browser **não sabe como o apresentar**.

XSL **descreve** o modo como o documento XML deve ser apresentado!

XSL - Mais do que uma linguagem de folha de estilo

A XSL é composta por três partes:

- XSLT - uma linguagem para transformar documentos XML
- XPath - uma linguagem para navegar em documentos XML
- XSL-FO - uma linguagem para a formatação de documentos XML

6.1 XSLT

O que é XSLT?

- XSLT é o acrónimo de XSL Transformations (transformações XSL)
- O XSLT é a parte mais importante do XSL
- O XSLT transforma um documento XML noutro documento XML
- O XSLT utiliza o XPath para navegar em documentos XML
- XSLT é uma recomendação do W3C

XSLT = Transformações XSL

O XSLT é a parte mais importante do XSL.

O XSLT é utilizado para transformar um documento XML noutro documento XML, ou noutro tipo de documento reconhecido por um browser, como HTML e XHTML. Normalmente, o XSLT faz isto transformando cada elemento XML num elemento XHTML.

Com o XSLT pode adicionar/remover elementos e atributos de ou para o ficheiro de saída. Também pode reorganizar e ordenar elementos, efetuar testes e tomar decisões sobre quais os elementos a ocultar e a mostrar, e muito mais.

Uma forma comum de descrever o processo de transformação é dizer que **o XSLT transforma uma árvore-fonte XML numa árvore-resultado XML**.

XSLT utiliza XPath:

O XSLT utiliza o XPath para encontrar informações num documento XML. O XPath é utilizado para navegar através de elementos e atributos em documentos XML.

6.2 Navegadores XSLT

Quase todos os principais navegadores têm suporte para XML e XSLT.

> **Mozilla Firefox :** A partir da versão 1.0.2, o Firefox tem suporte para XML e XSLT (e CSS).

> **Mozilla**: O Mozilla inclui o Expat para análise de XML e tem suporte para apresentar XML + CSS. O Mozilla também tem algum suporte para Namespaces. O Mozilla está disponível com uma implementação XSLT.

> **Netscape:** A partir da versão 8, o Netscape utiliza o motor Mozilla, pelo que tem o mesmo suporte XML / XSLT que o Mozilla.

> **Opera:** A partir da versão 9, o Opera tem suporte para XML e XSLT (e CSS). A versão 8 suporta apenas XML + CSS.

> **Internet Explorer:** A partir da versão 6, o Internet Explorer suporta XML, Namespaces, CSS, XSLT e XPath. A versão 5 NÃO é compatível com a Recomendação XSL oficial do W3C.

6.3 Declaração correta da folha de estilo

O elemento raiz que declara que o documento é uma folha de estilo XSL é <xsl:stylesheet> ou <xsl:transform>.

Nota: <xsl:stylesheet> e <xsl:transform> são completamente sinónimos e qualquer um deles pode ser utilizado!

A maneira correta de declarar uma folha de estilo XSL de acordo com a Recomendação XSLT do W3C é:

<xsl:folha de estilo versão="1.0"

xmlns:xsl="http://www.w3.org/1999/XSL/Transform">

(ou)

<xsl:transform version="1.0"

xmlns:xsl="http://www.w3.org/1999/XSL/Transform">

Para ter acesso aos elementos, atributos e funcionalidades XSLT, é necessário declarar o espaço de nomes XSLT no topo do documento.

O atributo xmlns:xsl="http://www.w3.org/1999/XSL/Transform" aponta para o espaço de nomes XSLT oficial do W3C. Se utilizar este espaço de nomes, deve também incluir o atributo version="1.0".

6.3.1 Começar com um documento XML em bruto

Pretendemos **transformar** o seguinte documento XML ("cdcatalog.xml") em XHTML:

<?xml version="1.0" encoding="ISO-8859-1"?>

<catalog>

<cd>

<title>JAVA</title>

<artista>Balaguruswamy</artista>

<país>Índia</país>

<empresa>Hyderabad</empresa>

<preço>100.00</preço>

```
<ano>1990</ano>
</cd>
<cd>
<title>java</title>
<artista>filho</artista>
<país>AP</país>
<empresa>Madras</empresa>
<preço>120,00</preço>
<ano>2000</ano>
</cd>
</catalog>
```

Visualizar ficheiros XML no Fire fox e no Internet Explorer:

Abrir o ficheiro XML (normalmente clicando numa ligação) - O documento XML será apresentado com elementos raiz e secundários codificados por cores. Um sinal de mais (+) ou menos (-) à esquerda dos elementos pode ser clicado para expandir ou recolher a estrutura do elemento. Para ver a fonte XML em bruto (sem os sinais + e -), selecione "Ver fonte da página" ou "Ver fonte" no menu do browser.

Visualizar ficheiros XML no Netscape 6: Abra o ficheiro XML e, em seguida, clique com o botão direito do rato no ficheiro XML e selecione "Ver fonte da página". O documento XML será então apresentado com elementos raiz e filhos codificados por cores.

Visualizar ficheiros XML no Opera 7: Abra o ficheiro XML e, em seguida, clique com o botão direito do rato no ficheiro XML e selecione "Frame" / "View Source". O documento XML será apresentado como texto simples.

Criar uma folha de estilo XSL:

Em seguida, cria-se uma folha de estilo XSL ("cdcatalog.xsl") com um modelo de transformação:

```
<?xml version="1.0" encoding-"ISO-8859-1"?>
```

```
<xsl:folha de estilo versão="1.0"
xmlns : xsl="http : //www. w3 .org/1999/XSL/T ran sform">
<xsl:template match="/">
<html>
<body>
<h2>A minha coleção de livros</h2>
<table border=" 1 ">
<tr bgcolor="red">
<th align="left">Título</th>
<th align="left">Artista</th>
</tr>
<xsl:for-each select="catalog/cd">
<tr>
<td><xsl:value-of select="title"/></td>
<td><xsl:value-of select="artist"/></td>
</tr>
</xslfor-each>
</tabela>
</corpo>
</html>
</xsLtemplate>
</xsLstylesheet>
```

Ligar a folha de estilo XSL ao documento XML

Adicione a referência da folha de estilo XSL ao seu documento XML ("cdcatalog.xml"):

```
<?xml version="1.0" encoding-"ISO-8859-1"?>
<?xml-stylesheet type="text/xsl" href="cdcatalog.xsl"?>
```

```
<catalog>
<cd>
<title>J AV A</title>
<artista>Balaguruswamy</artista>
<país>Índia</país>
<empresa>Hyderabad</empresa>
<preço>100.00</preço>
<ano>1990</ano>
</cd>
<cd>
<title>java</title>
<artista>filho</artista>
<país>AP</país>
<empresa>Madras</empresa>
<preço>120,00</preço>
<ano>2000</ano>
</cd>
</catalog>
```

Se tiver um browser compatível com XSLT, este **transformará** o seu XML em XHTML.

Os pormenores do exemplo acima serão explicados nas secções seguintes.

6.4 Elemento XSLT <xsl:template

Uma folha de estilo XSL é constituída por um ou mais conjuntos de regras, designados por modelos.

Um modelo contém regras a aplicar quando um nó especificado é correspondido.

O elemento <xsl:template>

O elemento <xsl:template> é usado para criar modelos.

O atributo **match** é utilizado para associar um modelo a um elemento XML. O atributo match também pode ser utilizado para definir um modelo para todo o documento XML. O valor do atributo match é uma expressão XPath (ou seja, match="/" define todo o documento).

Vejamos uma versão simplificada do ficheiro XSL da secção anterior:

```
<?xml version="1.0" encoding="ISO-8859-1"?>
<xsl:folha de estilo versão="1.0"
xmlns:xsl="http://www.w3.org/1999/XSL/Transform">
<xsl:template match="/">
<html>
<body>
<h2>A minha coleção de livros</h2>
<table border="1">
<tr bgcolor="#9acd32">
<th>Título</th>
<th>Artista</th>
</tr>
<tr>
<td>,</td>
<td>,</td>
</tr>
</table>
</body>
</html>
</xsl:template>
</xsl:folha de estilo>
```

Como uma folha de estilo XSL é um documento XML, ela sempre começa com a declaração

XML: **<?xml version="1.0" encoding="ISO-8859-1"?>**.

O elemento seguinte, **<xsl:stylesheet>**, define que este documento é uma folha de estilo XSLT (juntamente com o número da versão e os atributos do namespace XSLT).

O elemento **<xsl:template>** define um modelo. O atributo **match="/"** associa o modelo à raiz do documento de origem XML.

O conteúdo dentro do elemento <xsl:template> define algum HTML a ser escrito na saída.

As duas últimas linhas definem o fim do modelo e o fim da folha de estilos.

O resultado da transformação acima terá o seguinte aspeto:

A minha coleção de livros

Title	Artist
,	,

O resultado deste exemplo foi um pouco dececionante, porque nenhum dado foi copiado do documento XML para a saída.

Na próxima secção, aprenderá a utilizar o elemento **<xsl:value-of>** para selecionar valores dos elementos XML.

6.5 Elemento XSLT <xsl:value-of>

O elemento <xsl:value-of> pode ser utilizado para extrair o valor de um elemento XML e adicioná-lo ao fluxo de saída da transformação:

```
<?xml version="1.0" encoding="ISO-8859-1"?>

<xsl:folha de estilo versão="1.0"

xmlns:xsl="http://www.w3.org/1999/XSL/Transform">

<xsl:template match="/">

<html>

<body>

<h2>A minha coleção de livros</h2>

<table border="1">
```

```
<tr bgcolor="#9acd32">
<th>Título</th>
<th>Artista</th>
</tr>
<tr>
<td><xsl:value-of select="catalog/cd/title"/></td>
<td><xsl:value-of select="catalog/cd/artist"/></td>
</tr>
</table>
</body>
</html>
</xsl:template>
</xsl:folha de estilo>
```

Nota: O valor do atributo **select** é uma expressão XPath. Uma expressão XPath funciona como a navegação num sistema de ficheiros, em que uma barra (/) seleciona subdirectórios.

O resultado da transformação acima terá o seguinte aspeto:

A minha coleção de livros

Title	Artist
JAVA	Balaguruswamy

O resultado deste exemplo também foi um pouco dececionante, porque apenas uma linha de dados foi copiada do documento XML para a saída.

Na próxima secção, aprenderá a utilizar o elemento **<xsl:for-each>** para percorrer os elementos XML e apresentar todos os registos.

6.6 XSLT <xsl:for-each> Elemento

> O elemento <xsl:for-each> permite que você faça um looping no XSLT.

> O elemento XSL <xsl:for-each> pode ser utilizado para selecionar todos os elementos XML de um conjunto de nós especificado:

```
<?xml version="1.0" encoding="ISO-8859-1"?>
<xsl:folha de estilo versão="1.0"
xmlns:xsl="http://www.w3.org/1999/XSL/Transform">
<xsl:template match="/">
<html>
<body>
<h2>A minha coleção de livros</h2>
<table border="1">
<tr bgcolor="#9acd32">
<th>Título</th>
<th>Artista</th>
</tr>
<xsl:for-each select="catalog/cd">
<tr>
<td><xsl:value-of select="title"/></td>
<td><xsl:value-of select="artist"/></td>
</tr>
</xsl:for-each>
</table>
</body>
</html>
</xsl:template>
</xsl:folha de estilo>
```

Nota: O valor do atributo **select** é uma expressão XPath. Uma expressão XPath funciona como a navegação num sistema de ficheiros, em que uma barra (/) seleciona subdirectórios.

O resultado da transformação acima terá o seguinte aspeto:

A minha coleção de livros

Title	Artist
JAVA	Balaguruswamy
Java	Schild

6.7 Filtrar a saída

Também podemos filtrar a saída do ficheiro XML adicionando um critério ao atributo select no elemento <xsl:for-each>.

<xsl:for-each select="catalog/cd[artist='Bob Dylan']">

Os operadores de filtros legais são:

- = (igual)
- != (não igual)
- < menos de
- > superior a

Veja a folha de estilo XSL ajustada:

```
<?xml version="1.0" encoding="ISO-8859-1"?>

<xsl:folha de estilo versão="1.0"

xmlns:xsl="http://www.w3.org/1999/XSL/Transform">

<xsl:template match="/">

<html>

<body>

<h2>A minha coleção de livros</h2>

<table border="1">
```

```
<tr bgcolor="#9acd32">
<th>Título</th>
<th>Artista</th>
</tr>
<xsl:for-each select="catalog/cd[artist='Bob Dylan']">
<tr>
<td><xsl:value-of select="title"/></td>
<td><xsl:value-of select="artist"/></td>
</tr>
</xsl:for-each>
</table>
</body>
</html>
</xsl:template>
</xsl:folha de estilo>
```

O resultado da transformação acima terá o seguinte aspeto:

A minha coleção de livros

Title	Artist
JAVA	Balaguruswamy

6.8 Elemento XSLT <xsl:sort>

O elemento <xsl:sort> é utilizado para ordenar a saída.

Onde colocar as informações de ordenação

Para ordenar a saída, basta adicionar um elemento <xsl:sort> dentro do elemento <xsl:for-each> no arquivo XSL:

```
<?xml version="1.0" encoding="ISO-8859-1"?>
```

```
<xsl:folha de estilo versão="1.0"
xmlns:xsl="http://www.w3.org/1999/XSL/Transform">
<xsl:template match="/">
<html>
<body>
<h2>A minha coleção de livros</h2>
<table border="1">
<tr bgcolor="#9acd32">
<th>Título</th>
<th>Artista</th>
</tr>
<xsl:for-each select="catalog/cd">
<xsl:sort select="artist"/>
<tr>
<td><xsl:value-of select="title"/></td>
<td><xsl:value-of select="artist"/></td>
</tr>
</xsl:for-each>
</table>
</body>
</html>
</xsl:template>
</xsl:folha de estilo>
```

Nota: O atributo **select** indica qual o elemento XML a ordenar.

O resultado da transformação acima terá o seguinte aspeto:

A minha coleção de livros

Title	Artist
JAVA	Balaguruswamy
Java	Schild

6.9 Elemento XSLT <xsl:if>

Para colocar um teste condicional if no conteúdo do ficheiro XML, adicione um elemento <xsl:if> ao documento XSL.

Sintaxe

<xsl:if test="*expressão*">

...

...alguma saída se a expressão for verdadeira...

...

</xsl:if>

Onde colocar o elemento <xsl:if>

Para adicionar um teste condicional, adicione o elemento <xsl:if> dentro do elemento <xsl:for-each> no arquivo XSL:

```
<?xml version="1.0" encoding="ISO-8859-1"?>

<xsl:folha de estilo versão="1.0"

xmlns:xsl="http://www.w3.org/1999/XSL/Transform">

<xsl:template match="/">

<html>

<body>

<h2>A minha coleção de livros</h2>

<table border="1">

<tr bgcolor="#9acd32">
```

```
<th>Título</th>

<th>Artista</th>

</tr>

<xsl:for-each select="catalog/cd">

<xsl:if test="price &gt; 10">

<tr>

<td><xsl:value-of select="title"/></td>

<td><xsl:value-of select="artist"/></td>

</tr>

</xsl:if>

</xsl:for-each>

</table>

</body>

</html>

</xsl:template>

</xsl:folha de estilo>
```

Nota: O valor do atributo **de teste** obrigatório contém a expressão a ser avaliada.

O código acima só produzirá os elementos título e artista dos CDs que têm um preço superior a 10.

O resultado da transformação acima terá o seguinte aspeto:

A minha coleção de livros

Title	Artist
JAVA	Balaguruswamy
Java	Schild

6.10 Elemento XSLT <xsl:choose>

O elemento <xsl:choose> é usado em conjunto com <xsl:when> e

<xsl:otherwise> para expressar vários testes condicionais.

Sintaxe:

```
<xsl:choose>

<xsl:when test="expressão">

... alguns resultados ...

</xsl:when>

<xsl:otherwise>

... alguns resultados ....

</xsl:otherwise>

</xsl:choose>
```

Onde colocar a condição Selecionar

Para inserir um teste condicional múltiplo no arquivo XML, adicione os elementos <xsl:choose>, <xsl:when> e <xsl:otherwise> ao arquivo XSL:

```
<?xml version="1.0" encoding-"ISO-8859-1"?>

<xsl:folha de estilo versão="1.0"

xmlns : xsl="http : //www. w3. org/1999/XSL/T ran sform">

<xsl:template match="/">

<html>

<body>

<h2>A minha coleção de livros</h2>

<table border=" 1 ">

<tr bgcolor="#9acd32">

<th>Título</th>

<th>Artista</th>
```

```
</tr>
<xsl:for-each select="catalog/cd">
<tr>
<td><xsl:value-of select="title"/></td>
<xsl:choose>
<xsl:when test="price &gt; 10">
<td bgcolor="#ff00ff">
<xsl:value-of select="artista"/></td>
</xsl:when>
<xsl:otherwise>
<td><xsl : value-o f select="arti st"/></td>
</xsl:otherwise>
</xsl:choose>
</tr>
</xsl:for-each>
</table>
</body>
</html>
</xsl:template>
</xsl:folha de estilo>
```

O código acima adicionará uma cor de fundo cor-de-rosa à coluna "Artista" QUANDO o preço do CD for superior a 10.

O resultado da transformação terá o seguinte aspeto:

A minha coleção de livros

Title	Artist
JAVA	Balaguruswamy
Java	Schild

Ver o ficheiro XML, Ver o ficheiro XSL e Ver o resultado

Outro exemplo

Aqui está outro exemplo que contém dois elementos <xsl:when>:

```
<?xml version="1.0" encoding="ISO-8859-1"?>

<xsl:folha de estilo versão="1.0"

xmlns:xsl="http://www.w3.org/1999/XSL/Transform">

<xsl:template match="/">

<html>

<body>

<h2>A minha coleção de livros</h2>

<table border="1">

<tr bgcolor="#9acd32">

<th>Título</th>

<th>Artista</th>

</tr>

<xsl:for-each select="catalog/cd">

<tr>

<td><xsl:value-of select="title"/></td>

<xsl:choose>

<xsl:when test="price &gt; 10">

<td bgcolor="#ff00ff">
```

```
<xsl:value-of select="artista"/></td>
</xsl:when>
<xsl:when test="price &gt; 9">
<td bgcolor="#cccccc">
<xsl:value-of select="artista"/></td>
</xsl:when>
<xsl:otherwise>
<td><xsl:value-of select="artist"/></td>
</xsl:otherwise>
</xsl:choose>
</tr>
</xsl:for-each>
</table>
</body>
</html>
</xsl:template>
```

O código acima adicionará uma cor de fundo cor-de-rosa à coluna "Artista" QUANDO o preço do CD for superior a 10, e uma cor de fundo cinzenta QUANDO o preço do CD for superior a 9 e inferior ou igual a 10.

O resultado da transformação terá o seguinte aspeto:

A minha coleção de livros

Title	Artist
JAVA	Balaguruswamy
Java	Schild

Ver o ficheiro XML, Ver o ficheiro XSL e Ver o resultado

6.11 Elemento XSLT <xsl:apply-templates>

O elemento <xsl:apply-templates> aplica um modelo ao elemento atual ou aos nós filhos do elemento atual.

Se adicionarmos um atributo select ao elemento <xsl:apply-templates>, ele processará apenas o elemento filho que corresponder ao valor do atributo. Podemos usar o atributo select para especificar a ordem em que os nós filhos são processados.

Este elemento é avaliado em duas etapas:

Passo 1: Localiza os nós do documento xml de entrada utilizando o padrão especificado.

Passo 2: Avalia o respetivo modelo para cada um dos nós selecionados.

Ao preparar um padrão, podemos utilizar os seguintes caracteres especiais:

. (Ponto): Descreve o nó para o qual este modelo/elemento envolvente está a ser avaliado.

. . (Ponto Ponto): Descreve o nó pai do nó atual.

*** (estrela):** Descreve todos os nós filhos.

//: Descreve o nó do documento, isto é usado para especificar o caminho absoluto do nó.

| **(carácter de tubo único)**: Descreve 'ou'.

NOTA: Se não for especificado um atributo "select", a predefinição é "*", ou seja, seleciona todos os nós filhos do nó atual.

Veja a seguinte folha de estilo XSL:

```
<?xml version="1.0" encoding="ISO-8859-1"?>

<xsl:folha de estilo versão="1.0"

xmlns:xsl="http://www.w3.org/1999/XSL/Transform">

<xsl:template match="/">

<html>

<body>

<h2>A minha coleção de livros</h2>

<xsl:apply-templates/>
```

```
</body>
</html>
</xsl:template>
<xsl:template match="cd">
<p>
<xsl:apply-templates select="title"/>
<xsl:apply-templates select="artist"/>
</p>
</xsl:template>
<xsl:template match="title">
Título: <span style="color:#ff0000">
<xsl:value-of select="."/></span>
<br />
</xsl:template>
<xsl:template match="artist">
Artista: <span style="color:#00ff00">
<xsl:value-of select="."/></span>
<br />
</xsl:template>
</xsl:folha de estilo>
```

O resultado da transformação terá o seguinte aspeto:

A minha coleção de livros

Título: JAVA

Artista: Balaguruswamy

Título:Java

Artista: Schild

6.12 XPath:

> A especificação XPath é uma parte da especificação xml

> As especificações XPath incluem algumas construções para construir caminhos, expressões e incluem algumas funções para cadeias de caracteres e operações.

> Estas especificações podem ser utilizadas em XSL.

> O XPath é um elemento importante do XSLT

> XPath é uma recomendação do W3C

> **.12.1 Nós XPath**

No XPath, existem sete tipos de nós: elemento, atributo, texto, espaço de nome, instrução de processamento, comentário e nós de documento (raiz).

> **.12.2 Eixos XPath**

Esta parte das especificações XPath inclui palavras-chave e funções que permitem construir caminhos para localizar nós num documento xml.

O documento de exemplo XML

Utilizaremos o seguinte documento XML nos exemplos que se seguem.

```
<?xml version="1.0" encoding="ISO-8859-1"?>

<loja de livros>

<livro>

<title lang="eng">Harry Potter</title>

<preço>29,99</preço>

</book>

<livro>

<title lang="eng">Aprender XML</title>

<preço>39,95</preço>

</book>

</bookstore>
```

Um eixo define um conjunto de nós relativo ao nó atual.

AxisName	Resultado
antepassado	Seleciona todos os antepassados (pai, avô, etc.) do nó atual
antepassado-ou-próprio	Seleciona todos os antepassados (pai, avô, etc.) do nó atual e o próprio nó atual
atributo	Seleciona todos os atributos do nó atual
criança	Seleciona todos os filhos do nó atual
descendente	Seleciona todos os descendentes (filhos, netos, etc.) do nó atual
descendente-ou-self	Seleciona todos os descendentes (filhos, netos, etc.) do nó atual e o próprio nó atual
seguintes	Seleciona tudo no documento após a etiqueta de fecho do nó atual
irmão seguinte	Seleciona todos os irmãos após o nó atual
espaço de nome	Seleciona todos os nós do espaço de nomes do nó atual
pai	Seleciona o pai do nó atual
anterior	Seleciona tudo no documento que está antes da etiqueta de início do nó atual
irmão anterior	Seleciona todos os irmãos antes do nó atual
próprio	Seleciona o nó atual

Localização Caminho Expressão

Um caminho de localização pode ser absoluto ou relativo.

Um caminho de localização absoluto começa com uma barra (/) e um caminho de localização relativo não. Em ambos os casos, o caminho de localização consiste em uma ou mais etapas, cada uma separada por uma barra:

Um caminho de localização absoluto:

/passo/passo/...

Um caminho de localização relativo:

passo/passo/...

Cada passo é avaliado em relação aos nós do conjunto de nós atual.

Uma etapa consiste em:

- um eixo (define a relação em árvore entre os nós selecionados e o nó atual)
- um nó-teste (identifica um nó dentro de um eixo)
- zero ou mais predicados (para refinar ainda mais o conjunto de nós selecionado)

A sintaxe para uma etapa de localização é:

axisname::nodetest[predicado]

Exemplos

Exemplo	**Resultado**
criança: :livro	Seleciona todos os nós de livro que são filhos do nó atual
atributo::lang	Seleciona o atributo lang do nó atual
criança::*	Seleciona todos os filhos do nó atual
atributo::*	Seleciona todos os atributos do nó atual
criança: :text()	Seleciona todos os nós de texto filhos do nó atual
filho: :nó()	Seleciona todos os nós filhos do nó atual
descendente: :livro	Seleciona todos os descendentes de livros do nó atual
antepassado: :livro	Seleciona todos os antepassados do livro do nó atual
antepassados-ou-próprio: :livro	Seleciona todos os livros antepassados do nó atual - e o atual também, se for um nó de livro
criança: : */criança: :preço	Seleciona todos os preços netos do nó atual

6.12.3 Operadores XPath

Uma expressão XPath devolve um conjunto de nós, uma cadeia de caracteres, um booleano ou um número. Segue-se uma lista dos operadores que podem ser utilizados em expressões

XPath:

Operador	Descrição	Exemplo	Valor de retorno
|	Calcula dois conjuntos de nós	//livro | //cd	Devolve um conjunto de nós com todos os elementos livro e cd
+	Adição	6 + 4	10
-	Subtração	6 - 4	2
*	Multiplicação	6 * 4	24
div	Divisão	8 div 4	2
=	Igual	preço=9.80	verdadeiro se o preço for
			9.80 falso se o preço for 9,90
!=	Não igual	preço!=9.80	verdadeiro se o preço for 9,90 falso se o preço for 9,80
<	Menos de	preço<9,80	verdadeiro se o preço for 9,00 falso se o preço for 9,80
<=	Menor ou igual a	preço<=9,80	verdadeiro se o preço for 9,00 falso se o preço for 9,90
>	Superior a	preço>9,80	verdadeiro se o preço

			for 9,90 falso se o preço for 9,80
>=	Maior ou igual a	preço>=9,80	verdadeiro se o preço for 9,90 falso se o preço for 9,70
ou	ou	preço=9,80 ou preço=9.70	verdadeiro se o preço for 9,80 falso se o preço for 9,50
e	e	preço>9.00 e preço<9,90	verdadeiro se o preço for 9,80 falso se o preço for 8,50
mod	Módulo (resto da divisão)	5 mod 2	1

6.12.4 Funções de cadeia XPath:

1. Substring(string,startindex,len)

2. substring-before(string1string2)

Exemplo: substring-before('abc','b') Devolve 'a'.

3. substring-after(string1string2)

Exemplo: substring-before('abc','b') Devolve 'c'.

4. contains(string1,string2): Retorna booleano. Retorna true se string2 aparecer em string1, caso contrário false.

5. startwith(string1,string2);

Exemplo: startwith('abc','ab') Devolve verdadeiro.

6. string-length(string) : Devolve o comprimento de uma string.

7. normalize-space (string): Retorna a string de entrada após a normalização do espaço em branco, que inclui a eliminação de espaços em branco no início e no final e a remoção de vários espaços em branco identificados no meio da string, substituindo-os por um único espaço em branco.

Exemplo:

- abc - - xyz -

No texto acima, os traços (-) são espaços em branco.

Saída: 'abc-xyz'

6.13 Resumo

> Utilizar XSLT para transformar documentos XML noutros formatos, como XHTML.

> Neste capítulo, aprendemos a adicionar/remover elementos e atributos de ou para o ficheiro de saída.

> Também aprendemos a reorganizar e ordenar elementos, a efetuar testes e a tomar decisões sobre os elementos a ocultar e a mostrar.

> Este tutorial ensinou-lhe como encontrar informações num documento XML.

> Aprendemos a utilizar o XPath para navegar pelos elementos e atributos de um documento XML.

> Também aprendemos a utilizar algumas das funções padrão incorporadas no XPath.

Printed by Books on Demand GmbH, Norderstedt / Germany